O TEMPO DA FELICIDADE

UM SABÁTICO PARA REPENSAR A VIDA, PRIORIZAR SEUS OBJETIVOS E SE RENOVAR

FLORA VICTORIA

O TEMPO DA FELICIDADE

UM SABÁTICO PARA REPENSAR A VIDA, PRIORIZAR SEUS OBJETIVOS E SE RENOVAR

HarperCollins Brasil

Rio de Janeiro | 2020

Diretora editorial: *Raquel Cozer*
Gerente editorial: *Renata Sturm*
Editora: *Diana Szylit*
Edição de texto: *Elisabeth Priestley*
Copidesque: *Fabiana Medina*
Revisão de texto: *Laila Guilherme* e *Mariana Zanini*
Capa: *Douglas Lucas*
Projeto gráfico e diagramação: *Renata Vidal*
Imagem da capa: *Kateryna Rusnak/iStock*

DADOS INTERNACIONAIS DE CATALOGAÇÃO NA PUBLICAÇÃO (CIP)

V688t

Victoria, Flora
O tempo da felicidade : um sabático para repensar a vida, priorizar seus objetivos e se renovar / Flora Victoria. — Rio de Janeiro : HarperCollins, 2020.
208 p.

ISBN 978-85-9508-682-1

1. Técnicas de autoajuda 2. Psicologia positiva 3. Felicidade 4. Autoconhecimento I. Título

20-1105 CDD 158.1
CDU 159.9

ANGÉLICA ILACQUA CRB-8/7057

HarperCollins Brasil é uma marca licenciada à Casa dos Livros Editora LTDA.
Rua da Quitanda, 86, sala 218 — Centro
Rio de Janeiro, RJ — CEP 20091-005
Tel.: (21) 3175-1030
www.harpercollins.com.br

Este livro foi feito para todos aqueles que querem mais da vida – mais felicidade, mais amor, mais conhecimento, mais vitalidade.

Para os que querem encontrar sentido naquilo que fazem e viver por um propósito.

E para os que incluem nesse propósito a contribuição, a empatia para com seus semelhantes e o desejo sempre ardente de fazer do mundo um lugar melhor.

A todos esses leitores, dedico esta obra.

Atitude é uma escolha.

Felicidade é uma escolha.

Bondade é uma escolha.

Doação é uma escolha.

Respeito é uma escolha.

Sejam quais forem as escolhas

que você fizer, elas farão você.

Escolha com sabedoria.

Roy Bennett

SUMÁRIO

PREFÁCIO

Tive o privilégio de ler *O tempo da felicidade*, de Flora Victoria, e posso afirmar que estou satisfeito com o que li. Me agradam autores que combinam boa ciência com bom senso para alcançar seus leitores. Particularmente, percebo quando eles têm a humildade de reconhecer que sua base de conhecimento necessita de *insights* de outros para se completar. Evidentemente, Victoria integrou muito conteúdo à prática de *coaching* e é claramente habilidosa em ensinar práticas de felicidade. No entanto, não é acadêmica, e é importante que tenha alinhado seus talentos à ciência e aos *insights* de outras pessoas muito inteligentes. O que me impressionou foi a humildade com que descreve o trabalho de outros, a generosidade com que saúda os estudos dos demais e a paixão com que ajuda seus clientes e todos os futuros leitores deste livro. Isso é o que quero ver em uma autora que coloca como primeiro passo em sua lista de afazeres o cultivo de emoções positivas. Em seu texto, Victoria nos mostra como isso é feito e, dessa forma, torna fácil confiarmos em sua mensagem.

Como apresentado por ela, a gratidão é um processo de dois passos, ambos críticos para a felicidade. O segundo passo da gratidão requer reconhecer a bondade e a boa vontade de outros, ou até a bênção que é a vida em si. Em nosso mundo dominado pelas mídias sociais, até a gratidão se barateou. Publicamos imagens de nós mesmos sendo bem-sucedidos, as coisas boas que nos acontecem, os elogios de outros; nossas publicações são sobre nossa gratidão pelo bem que nos ocorreu. Damos ênfase ao eu, e não à benevolência da qual somos beneficiários. Infelizmente, isso não é gratidão, mas orgulho. Gratidão é se abrir ao bem que o mundo nos oferece. É uma forma de humildade e generosidade, e a identifico em pessoas realmente felizes. As pessoas mais felizes não precisam de reconhecimento de outros, pois, por definição, já são felizes. Gratidão e humildade são, ao mesmo tempo, expressões de pessoas felizes e parte do caminho para alcançar tal experiência. Victoria escreve com essas qualidades já ativadas.

No início do capítulo 5, que fala sobre perdão, há o reconhecimento sincero de Victoria quanto a meu estudo sobre esse tema. Minha luta para me libertar da dor da mágoa e meu trabalho extensivo de mais de vinte anos ensinando a prática do perdão me provaram a necessidade de incluí-lo em qualquer projeto de transformação pessoal. Victoria demonstra a coragem de apontar o perdão como característica-chave; pois ele é difícil, e muitos autores não querem fazer tal imposição sobre seus leitores. Tentam argumentar que podemos mudar e crescer sem grande esforço e sem uma forte intenção de se transformar. Felizmente, *O tempo da felicidade* não cai nessa armadilha. É claro que nenhum livro pode fazer o trabalho necessário para o crescimento. Livros podem apenas mostrar as razões e os meios para mudar, e então cabe ao leitor fazer o esforço. Victoria mostra que o esforço deve ser diário e aplicado racionalmente. Fornece orientação e parâmetros realistas para tal tarefa, propondo práticas simples e testadas em pesquisas. Seu conhecimento sobre perdão é coerente, e seus métodos serão eficazes se aplicados e praticados.

O perdão é uma qualidade difícil de ser gerada no ser humano, e me admira saber que Victoria possui o conhecimento e o repertório para confrontar esse fato diretamente. Como dito por Desmond Tutu, "sem perdão não há futuro". Sem perdão, vivemos no passado – e geralmente um passado insatisfatório – que não admite o curso natural da vida. Nosso mundo está repleto de hostilidade e negatividade, em grande parte geradas pela falta de perdão. Isso ocorre em famílias, casais, nos negócios e entre culturas e países. Muitas vezes, nosso sofrimento pessoal incurável é transmitido aos outros por atos de omissão e conivência. Aprendi que o motivo mais pertinente para explicar a crueldade das pessoas é que outros tenham sido cruéis com elas. Usamos mágoas passadas para justificar nossa crueldade, e o ciclo se repete infinitamente. Ruminamos demais sobre aqueles que nos machucaram, nos decepcionaram e nos negligenciaram, e nos esquecemos de dar atenção aos que têm sido gentis e solidários. É dessa forma que gratidão e perdão se entrelaçam. Guardar rancor é o oposto da liberdade oferecida por este livro aos leitores.

Acredito que a leitura deste livro e a adoção de, pelo menos, parte das práticas oferecidas aqui conduzirão o leitor a uma vida melhor. Esta obra é convincente, factível, e seus métodos são simples. Gosto da ideia de um sabático de cura, e sugiro que todos nós o façamos. Sei pelo meu trabalho o quanto as pessoas se sentem melhor quando se comprometem com o próprio bem-estar e utilizam algumas práticas básicas que oferecemos. Estou convicto de que o leitor deste livro que assim o fizer terá bons resultados, e todos à sua volta colherão os benefícios.

*Fred Luskin**

PhD e professor de Psicologia
e diretor do Projeto do Perdão da Universidade Stanford

* Tradução do inglês de E. M. Lincoln.

INTRODUÇÃO

O QUE É O SABÁTICO E COMO ELE PODE MUDAR SUA VIDA

Pela janela, vejo o aeroporto Charles de Gaulle se aproximando, enquanto o avião vai perdendo altitude aos poucos. Desembarco em Paris no auge de uma onda de calor. Os termômetros marcam temperaturas recordes. Os parisienses mergulham nas fontes do Trocadéro, criando a desconcertante ilusão de uma Torre Eiffel nos trópicos. Paris é a primeira parada de uma viagem em nada semelhante a outras que já fiz. Desta vez, não irei a congressos, eventos ou seminários. Não terei reuniões de negócios nem encontros comerciais. Nem tampouco perseguirei o lazer descompromissado dos turistas que preenchem com aflição o espaço em branco das férias. "Nossas vidas são, em sua maior parte, uma constante evasão de nós mesmos", escreveu T.S. Eliot.* Mas não desta vez. Depois de 51 anos e onze horas de viagem, chego a um destino que é, ao mesmo tempo, um ponto

* T.S. Eliot, "The Use of Poetry and the Use of Criticism" [O uso da poesia e o uso da crítica]. Disponível em: <https://tseliot.com/prose/the-use-of-poetry-and-the-use-of-criticism>. Acesso em: dez. 2019.

de chegada e de partida. Um mergulho com os olhos bem abertos no autoconhecimento e na autorregeneração. O meu tempo da felicidade, simbolicamente um sabático, vai começar. E gostaria de convidar você a fazer esta viagem comigo, porque este talvez seja o ponto de partida para a sua própria viagem. Ela pode ou não envolver deslocamentos físicos por novos ares e paisagens, mas certamente inclui uma jornada interior rumo àquele centro no qual a essência se oculta. Algumas respostas machucam, outras espetam, outras espantam. Porém, em meio a elas, o que antes era um brilho fugidio e incerto subitamente resplandece. Então você compreende algo devastadoramente belo e simples: é possível ser feliz. Este é o propósito deste livro: conduzi-lo pelos sete passos de uma jornada pessoal rumo a essa conquista.

Mas, antes de falar de felicidade, quero tratar do conceito de sabático e de como ambos se entretecem numa tessitura que, aos poucos, vai revelando algo que transcende a retina e a rotina. As fraturas e as ranhuras. O limite imposto e o nervo exposto. O que essa tessitura revela é a vida que podemos ter. A ideia de escrever sobre o sabático surgiu após um convite da HarperCollins Brasil. "Você é uma das poucas autoras no Brasil que escreve com embasamento científico para o grande público", disseram-me. O convite, porém, surgiu quando eu estava a ponto de tirar o meu sabático. Pensei: "Não seria esse o assunto certo, no momento certo? Com a vida atribulada que levamos, quantos de nós não precisariam abrir um hiato para a regeneração?". Porque esse é, em última análise, o significado de sabático.

A palavra vem do hebraico *shabbat* – ou sabá, na grafia aportuguesada –, que pode ser traduzido como "descanso" ou "cessação". Refere-se ao sábado, o sétimo dia, aquele no qual, segundo a tradição religiosa, Deus descansou após criar o mundo. Daí adveio o preceito da antiga Lei Mosaica segundo o qual, a cada sétimo ano, cessava o trabalho no campo, o pagamento de tributos e a cobrança de dívidas, para que a terra e os homens pudessem descansar e se regenerar. Essa é também a origem do respeito ao sábado como dia de descanso, ainda hoje seguido por judeus praticantes e por algumas religiões cristãs. Observar o sabá implica abster-se do trabalho e das atividades diárias e engajar-se em ações contemplativas ou que expressam conexão com os aspectos divinos da existência. Na *halakha* – o conjunto de leis religiosas judaicas derivadas da Torá, que, na tradição cristã, corresponde aos cinco primeiros livros da Bíblia, o Pentateuco –, preconiza-se que o sabá começa pouco antes do pôr do sol de sexta-feira e prolonga-se até o surgimento de três estrelas no céu, na noite de sábado. A esse dia é associada uma dimensão simbólica relacionada à regeneração, a um estado mental no qual entramos quando cessamos a correria cotidiana e penetramos numa sensação de calma interior.

Elliot Ginsburg, professor do Centro de Estudos Judaicos da Universidade de Michigan, denomina o sabá de eixo cósmico que organiza o tempo, enobrecendo e abençoando a semana. É experimentado como um processo de renovação que ocorre em diferentes níveis, no qual somos transformados, aproximando-nos de nosso "estado ideal". O descanso a cada sétimo dia está, segundo a tradição religiosa, entre os mandamentos que Moisés recebeu no Monte Sinai durante o êxodo do povo judeu, que se libertava da escravidão no Egito. Por isso, observa Ginsberg, o sabá celebra a libertação de tudo aquilo que nos escraviza. É também o que purifica corpo e alma de todo o estresse dos dias anteriores e nos revitaliza para enfrentar os dias que virão.

Isso nos conduz às razões pelas quais embarcamos em um sabático da felicidade, que podem ser resumidas no que eu chamo de os "7Ds" que o tornam necessário. Tudo começa com os DESAFIOS que a vida nos traz, que constituem o primeiro D. Diante dele, temos duas escolhas: ou "pegamos o touro pelos chifres" e nos engajamos, ou viramos as costas, o ignoramos e nos desengajamos. Ambas as opções causam DOR, que é o segundo D do sabático. Afinal, engajar-se e crescer é um processo dolorido, assim como desengajar-se e estagnar também é. A diferença é que a opção pelo crescimento abre novas oportunidades, enquanto a estagnação fecha portas. Frente à dor do desafio, podemos oscilar entre o DESÂNIMO e o DESESPERO, o terceiro e o quarto motivos pelos quais precisamos da regeneração trazida pelo sabático. No entanto, caímos no desânimo ou no desespero quando não temos ou não conseguimos encontrar as ferramentas necessárias para superar o desafio – saiba, porém, que é exatamente isso que este livro lhe oferece. Ao usarmos as ferramentas certas, entramos no quinto D, o DESENVOLVIMENTO. Afinal, não são apenas os que estão imersos em emoções negativas que buscam a regeneração, mas também aqueles que desejam se desenvolver mais. Ocorre que o desenvolvimento é uma escolha, e toda escolha requer uma DECISÃO – o sexto D, ou a sexta razão: você faz o sabático porque decide fazer. E, uma vez que você decide encarar o desafio e usar as ferramentas, chega ao sétimo D, a DISPONIBILIDADE. Estar disponível é estar aberto, disposto a se mover e a agir para colocar em ação aquilo que decidiu. É por meio dessa dinâmica que você entra no sabático.

O desenvolvimento é essencial para uma vida plena. A autopoiese, conceito criado pelo biólogo chileno Humberto Maturana, propõe que os seres vivos estão em um constante processo de produção de si mesmos (*auto*, "próprio"; *poiese*, "criação"). Um exemplo típico: o corpo humano produz novas células para substituir as que envelhecem e morrem, de modo que, a cada período entre sete a dez anos, todas as nossas células são substituídas. Transpondo esse conceito para a vivência subjetiva, encontramos a base da necessidade que o ser humano tem de desenvolver-se continuamente. Essa é a chave da autorrealização, princípio compreendido como a capacidade de o indivíduo alcançar por si só a plena realização de seu potencial. O psicólogo americano Abraham Maslow, responsável por propor a hierarquia das necessidades humanas, classificou-a como uma das mais elevadas entre essas necessidades. O autodesenvolvimento é, no fundo, a grande razão de ser do sabático. Após um processo de regeneração no qual o tédio e o desespero dão lugar à vitalidade, à esperança e ao senso de significado e de sentido em relação à vida, somos compelidos a retomar a busca pelo desenvolvimento, pela expansão e pela felicidade.

E aqui chega o momento de falarmos da felicidade. Há quem aponte a elusiva e incessante busca pela felicidade como um dos sintomas – quando não uma das causas – da crise do vazio, entendida como a falta de sentido e propósito que assola o ser humano contemporâneo. Essa postura, no entanto, deriva de uma concepção da felicidade sob uma ótica um tanto estreita, na qual tudo se resume a uma busca sem tréguas pelo prazer dos sentidos. Como o prazer é associado ao efêmero e ao fugaz, o resultado é a frustrante perseguição daquilo que se desvanece tão logo é tocado, causando a impressão de que tudo o que parecia ser sólido desmancha-se no ar, numa referência ao livro de Marshall Berman.* Porém, entre os distintos olhares trazidos pela psicologia positiva, a ciência do

* Marshall Berman, *Tudo que é sólido desmancha no ar*, tradução: Carlos Felipe Moisés e Ana Maria L. Ioriatti, São Paulo: Companhia das Letras, 1986.

bem-estar, a felicidade pode ser vista como uma – entre várias – emoção positiva. E as emoções positivas, por sua vez, são uma parte – entre várias – daquilo que passou a ser chamado de florescimento humano, que se entende por um estado no qual as pessoas são capazes de funcionar de modo otimizado, se relacionar com autonomia, competência e harmonia com o meio e os outros à sua volta, encontrar propósito e significado na vida e envolver-se ativamente em um contínuo processo de desenvolvimento e de autorrealização. A oportunidade de criar condições para florescer é, pois, a grande meta e, ao mesmo tempo, o grande desafio do sabático da felicidade. É, também, a jornada que este livro convida você a fazer.

O processo é simples. O sabático é o seu tempo para a felicidade, estruturado em um programa de sete passos. Ao longo dos próximos sete capítulos – um para cada passo do sabático –, vou falar de temas fundamentais para esse profundo processo de regeneração. Você vai mergulhar – de uma forma como nunca mergulhou antes – no poder restaurador das emoções positivas. Alegria, gratidão, contentamento, amor... Que tal experimentar de novo, e com maior intensidade, o prazer e a revitalização proporcionados por essas e outras emoções capazes de – literalmente – nos transformar? É isso que você será convidado a fazer no primeiro passo do sabático. No segundo passo, a proposta é restabelecer o contato com o próprio corpo e assumir o controle de sua nave-mãe. Você vai saber o que é a biointeligência e como ela pode ser usada a seu favor para restaurar a energia física e mental. Identificar as forças que definem sua identidade e aprender a usá-las é, talvez, a atitude mais revolucionária que você pode tomar para promover as mudanças que tanto quer em sua vida. É por isso que elas dão o tom do terceiro passo do sabático. E o preparam para o quarto, quando você saberá como canalizar suas forças recém-despertas para aquilo que dá sentido à vida: o seu propósito. Você ainda não sabe qual é o seu? Não se preocupe. No quarto passo do sabático, você disporá de tudo o que é necessário para esse grande encontro – ou reencontro – com sua missão no mundo.

No quinto passo, outro reencontro o aguarda, o reencontro com as pessoas que você ama. Você aprenderá a usar a arma mais poderosa já inventada para restaurar seus relacionamentos, deixar as mágoas para trás e voltar a viver plenamente. Prepare-se para momentos de grande emoção: você vai aprender a perdoar. O perdão lhe dará duas coisas importantíssimas, a limpeza interna e a fortaleza interior, que o deixarão pronto para encarar o sexto passo do sabático, que trata da superação. O que você precisa superar? Quais são os inimigos internos que o impedem de ter a vida que você quer? Como derrotá-los? O sexto passo vai despertar o guerreiro que existe em você. Irá, também, prover a munição necessária para vencer as batalhas nas quais a vida nos coloca. E, depois de um bom combate, é preciso curar-se, restaurar-se, regenerar-se. Assim, pois, chegamos ao sétimo passo, que trata de regeneração. Você irá evocar em si mesmo essa incrível capacidade que a natureza possui de recriar-se, de criar uma nova vida. E fará tudo isso descobrindo e utilizando os recursos que o seu "eu real" já possui para chegar, enfim, ao seu "eu ideal" – a pessoa que você quer ser. Na conclusão, todas as pontas serão amarradas, e você dará a tudo isso uma forma que é, ao mesmo tempo, concreta e profundamente simbólica: o manifesto da sua libertação.

O sabático que preparei para você contém elementos solidamente embasados por conceitos e teorias desenvolvidos por pesquisadores de vanguarda, que são os principais especialistas em suas áreas de estudo. É o caso, por exemplo, do dr. Fred Luskin, da Universidade Stanford, o grande estudioso do perdão. De Martin Seligman, da Universidade da Pensilvânia, que introduziu a ideia de que a psicologia poderia, também, estudar aquilo que nos faz felizes, criando assim uma nova área de conhecimento: a psicologia positiva. Da dra. Barbara Fredrickson, da Universidade da Carolina do Norte, que é a maior autoridade mundial em emoções positivas. E muitos outros cientistas que estão revolucionando aquilo que entendemos por felicidade, dando a esse sentimento tão etéreo e essencial um caráter científico. No entanto, se eles dão à felicidade um viés científico, minha missão é mergulhar fundo nessa ciência, entender seus pilares e métodos e transmiti-los a você como se estivéssemos em uma conversa informal.

Meu objetivo é que você veja tudo isso sob uma nova luz e se aproprie desse conhecimento que, no final das contas, retoma e amplifica questões que, desde os tempos de Sócrates, Platão e Aristóteles, balizam nossa jornada enquanto seres humanos tentando entender o mundo e a si mesmos. Para atingir esse objetivo, desenvolvi o programa do sabático de um modo simples e funcional. No fim de cada um dos sete capítulos, você encontrará propostas de reflexões e atividades para que os temas abordados possam ser mais bem assimilados e colocados em prática – afinal, somente com a prática um conhecimento potencialmente transformador se torna realmente transformador. Cada prática tem três etapas. Primeiro, você se CONECTA com o tema do capítulo. Depois, EXPERIMENTA o efeito regenerador. E, por fim, você PLANEJA uma ação concreta por meio da qual esse conhecimento possa ser aplicado no seu dia a dia. Por isso, recomendo que, ao acordar, você reserve cerca de sessenta minutos para colocar o programa do sabático em ação. A intenção é criar novos hábitos para que os benefícios sejam permanentemente incorporados à sua vida. E quais hábitos são esses? Experimentar o prazer das emoções positivas com maior frequência, cuidar do corpo e da mente, usar suas forças para uma vida mais plena, conectar-se com o seu propósito e encontrar mais sentido naquilo que você faz, curar e restaurar por meio do perdão, desenvolver resiliência para superar obstáculos e regenerar-se constantemente para recomeçar todo esse ciclo.

Você acha que vale a pena adotar esses hábitos? Se decidir embarcar nessa jornada, saiba que praticar os sete passos apenas uma vez não é suficiente para formar novos hábitos. Eles se formam quando novos caminhos neurais são criados no cérebro – o que requer tempo, empenho e repetição. Ao praticá-los, porém, você começará a desfrutar de uma série de benefícios: mais felicidade, mais bem-estar, maior clareza, mais paz de espírito e maior força interior. Depois de experimentar isso, será que você vai querer abrir mão? Sinceramente, espero que não. Espero que se motive o suficiente para continuar praticando até o momento em que não será mais necessário praticar conscientemente – tudo isso terá se tornado parte de quem você é.

MINHA HISTÓRIA

Certa vez, em um jantar com Brian Tracy – o grande especialista em negócios que se tornou meu amigo e parceiro comercial – em San Diego, na Califórnia, ele me disse: "Tudo o que você passou até aqui, tudo o que aprendeu, todos os desafios, são uma mera preparação para o que está por vir". Brian não poderia estar mais certo. Sinto que tudo o que fiz até hoje me preparou para este momento, para este livro que agora compartilho com você. Falar um pouco de minha história é uma maneira de apresentar minhas credenciais a você que se prepara para começar o seu sabático, para se dedicar ao seu tempo da felicidade. É, também, uma maneira de ligar os pontos, de retraçar o caminho que me trouxe até aqui.

A fase que vai do nascimento aos 21 anos é um período de formação individual. É quando aprendemos a ser gente, e nossas primeiras impressões, experiências e contatos com pessoas nos inspiram e nos desenvolvem. Tudo em minha vida aconteceu muito cedo. Ainda na infância aprendi a contribuir com a sociedade, participando de campanhas de arrecadação de alimentos para um projeto-piloto em Brasília, no qual voluntários faziam o papel de "pais adotivos" para crianças órfãs. Tinha 8 anos quando aprendi o que é trabalho voluntário e comecei a criar o meu senso de propósito.

Depois, já na adolescência, aos 13 anos, comecei minha primeira carreira como "diretora artística e educadora", dando aulas de balé para crianças de 4 a 10 anos e desenvolvendo um espetáculo de dança, com coreografias, cenografia, figurino e trilha sonora. Foi aí que a criatividade e a capacidade de ensinar e inspirar pessoas começaram a se desenvolver em mim. Aprender a ser artista e me apresentar em um palco para uma plateia foi algo que, no futuro, me ajudaria a criar os primeiros treinamentos, nos quais a experiência e a transformação estavam no núcleo do aprendizado e do desenvolvimento.

Ainda na adolescência, meu caminho se cruzou com o de Steve Jobs – de certa forma. Aos 15 anos, aprendi a programar um Apple II, na recém-criada linguagem de programação Basic, num dos primeiros computadores pessoais importados no Brasil – sete anos depois da fundação da Apple. Ingressar na área de processamento de dados, mais tarde conhecida como tecnologia da informação, me abriu as portas para um mundo de inovação que me inspira até hoje – quarenta anos depois de sua fundação, em 2018, a Apple foi considerada a empresa mais inovadora do planeta. Aos 16 anos, tive minha primeira crise de estresse e precisei aprender o poder da resiliência e da recomposição. Ingressei no setor bancário, onde aprendi a ler balanços e lidar com análise de crédito e inadimplência, assimilando, assim, alguns fundamentos importantes de um negócio. Cursava Processamento de Dados à noite, inglês nos fins de semana e, durante a semana, no intervalo do trabalho e do colégio, fazia aulas de balé clássico, piano, história da arte e dança. E ainda encontrava tempo para socializar com amigos e namorar – por aí já dá para entender por que acabei sofrendo uma crise de estresse.

Meu primeiro contato com o poder das perguntas, com a mentoria e o *coaching*, que no futuro dariam um novo rumo à minha vida profissional, aconteceu aos 18 anos. Na dúvida se cursava o quarto ano técnico ou ingressava na faculdade, questionei um executivo no papel de mentor de carreira sobre o que deveria fazer. Ele me respondeu com uma pergunta: "O que você quer para a sua vida?". Não sei por quê, mas comecei a chorar. Será que eu já sabia? Essa simples pergunta abriu um mundo de possibilidades. Muitas pessoas me influenciaram nessa primeira fase da vida: meus pais, como exemplos de caráter e batalhadores da classe média, que se desdobravam para promover a educação dos filhos e ainda contribuir para a sociedade; minha família, meus quatro irmãos, primos, primas, tios e tias, que participaram da minha infância e adolescência; minhas avós imigrantes, uma portuguesa, a outra japonesa, mulheres corajosas que vieram muito cedo para um país distante e constituíram família e negócios, sendo exemplos de bravura e ética para mim. Também nessa fase, conheci meu parceiro de vida. Juntos, exploraríamos o mundo, a tecnologia, a inovação e o desenvolvimento humano, e aprenderíamos a inspirar pessoas, liderando e quebrando barreiras, para alguns, intransponíveis.

Aos 21 anos, já havia atravessado uma jornada de superação, aprendizados e modelos de excelência que me inspiraram e me ajudaram a moldar meu caráter e a desenvolver muitas competências e habilidades para a segunda fase da vida, a de realizações profissionais e constituição de um grande negócio, e que foi desse momento até os 42 anos. Esse é o período da formação do ser social, em que começamos de fato a pertencer à sociedade, constituir família, desenvolver uma ocupação, trabalho, carreira ou vocação. É quando começamos a entender o que é pertencimento e propósito de vida.

Comecei minha carreira como auxiliar de escritório na Volkswagen, onde galguei posições como analista de tecnologia e negócios até chegar a ser uma das primeiras mulheres executivas da empresa. Eram 40 mil funcionários e apenas quatro executivas. Esse foi o desafio, que na época nem imaginei ser tão grande e tão importante, para desenvolver em mim a seriedade e a competência profissional que me acompanham até hoje. Tive sempre acesso à tecnologia de ponta, como a primeira *workstation* CAD/CAM da IBM, que chegou ao Brasil, importada, quando o mercado, totalmente fechado, não facilitava a vida das indústrias. Minha visão de negócios atual foi fortemente influenciada pelos alemães, focados em planejamento e implementações perenes e de qualidade. Conquistei a oportunidade de ter contato com projetos-piloto dos centros de pesquisa da VW alemã, como realidade virtual, holografia, prototipagem rápida e tudo o que compõe o automóvel de hoje – e isso há mais de trinta anos! Liderei um time de engenheiros brasileiros e alemães na sede na Alemanha em um projeto de Digital Mockup e engenharia simultânea. Liderança internacional e diferenças culturais exigiram de mim o desenvolvimento de competências organizacionais como perspectiva e mente aberta ou critério para mediar esses times.

Como executiva na área de TI, passei a entender o funcionamento de uma grande multinacional quando comecei a atuar como apoio ao planejamento estratégico, responsável por controlar um orçamento de 200 milhões de reais. Da visão técnica de tecnologia e inovação para o entendimento de negócios foi um grande salto profissional. Essa jornada continuou quando fui convidada a participar de um momento histórico para o país, a implementação de uma das primeiras redes de telefonia celular em São Paulo. O primeiro centro de inovação contava com protótipos na telefonia celular com aplicativos para automação bancária, residencial e de saúde – o que é uma realidade hoje, mas não era há vinte anos. E lá estava eu, novamente lidando com inovações, participando da liderança dos times de tecnologia da informação e engenharia e atuando como executiva em novas funções, como gestão de mudança (de pessoas), gestão do conhecimento, planejamento estratégico e governança corporativa. Participei da preparação da venda da BCP para a Claro em 2003 e aprendi como se estrutura uma empresa para uma auditoria e como se mantém um time motivado para essa mudança. O trabalho nessas duas empresas, que foram grandes escolas, aconteceu em paralelo ao que a maioria das pessoas faz nessa fase de vida: cursar uma universidade, ingressar na primeira profissão, galgar posições numa carreira e constituir uma família.

Do ponto de vista acadêmico, depois de uma educação na rede pública, ingressei em universidades pioneiras no Brasil e no mundo. Cursei um dos primeiros bacharelados em Ciências da Computação em São Paulo, pós-graduação em Marketing na ESPM, principal faculdade de publicidade e propaganda do Brasil, MBA na FGV, que foi considerada uma das dez melhores *think tanks* do mundo, além de Governança Corporativa na Harvard Business School, uma das mais prestigiadas universidades do mundo.

A constituição da minha família foi a criação, fundação e gestão da Sociedade Brasileira de Coaching, de 1999 até hoje. Essa linda história começou com meu sócio, Villela da Matta. Estabelecemos um negócio que já impactou a vida de milhares de pessoas e continua sua jornada de sucesso, com o propósito de contribuir para formar um mundo melhor. Focada em soluções de desenvolvimento humano, tudo o que aprendi nas escolas da minha vida se mesclou numa teia de competências e forças de caráter que compõem minha estrutura como empresária, empreendedora, líder, CEO, palestrante, escritora e especialista em florescimento humano e felicidade.

Criar e liderar um negócio com capital próprio, trazendo para o Brasil um conceito totalmente novo, uma metodologia de aceleração na conquista de resultados pessoais, profissionais e de negócios e que também constitui uma competência necessária a todo líder é algo que consolida a formação de uma identidade marcada pela superação, inovação e pioneirismo. Foi uma longa jornada desde 1999, quando a empresa nasceu, mas é com muita alegria e orgulho que vejo nossas conquistas: mais de 40 mil *coaches* formados, uma rede de 300 franqueados, 150 funcionários e uma sede no coração da Vila Olímpia, em São Paulo. Mas o principal são os resultados, como aumento de produtividade, motivação, engajamento e desenvolvimento de competências em *coaches* e empresas clientes, o que me dá a certeza de que o propósito de ajudar o Brasil a se tornar melhor e mais produtivo está sendo realizado.

Na fase seguinte, em que me encontro agora, que vai dos 42 aos 63 anos, percebemos a necessidade de contribuir para a sociedade e reconhecer nossos deveres e obrigações para com o bem-estar do planeta e sua sustentabilidade. Eu, que fui inspirada e desenvolvida, me tornei inspiradora e desenvolvedora. Formei--me como líder de negócios, uma arquiteta de transformações e uma "*felicitator*", termo que aprendi com John Helliwell, da Universidade da Colúmbia Britânica. *Felicitators* são produtores de felicidade, aqueles que buscam mudar o foco do bem-estar do "eu" para o bem-estar do "nós", celebrando pessoas e lugares, ideias e instituições capazes de tornar o mundo um lugar mais feliz. Minha grande escola agora é a psicologia positiva. Meu primeiro contato com a ciência que estuda a felicidade e o florescimento humano foi em 2002, quando, em uma viagem aos Estados Unidos, li *Felicidade autêntica*, de Martin Seligman. Quase dez anos depois, fui acompanhando tudo o que era publicado nessa área por grandes autores, como Mihaly Csikszentmihalyi, Barbara Fredrickson e Ed Diener, e por instituições, como Universidade da Pensilvânia, Harvard, Oxford, Berkeley, Cambridge, Yale, Columbia e Michigan. O livro seguinte de Seligman, *Florescer*, me fez chorar! Florescimento humano! Meus valores de vida sempre foram evolução, sabedoria e amor. Acabava de descobrir uma nova palavra para a evolução, o desenvolvimento pleno do ser humano, e até parecia que minha mãe sabia que eu me tornaria uma das maiores especialistas em florescimento quando escolheu meu nome – Flora. Pensei: essa é a ciência que eu precisava para continuar inspirando pessoas a se transformarem, empresas a se tornarem mais produtivas, líderes e times mais eficientes, e uma sociedade mais ética e virtuosa.

Assim, em 2012, decidi lançar o primeiro treinamento de *coaching* com psicologia positiva, e de lá para cá já formamos mais de 5 mil *coaches* positivos. Após lançar esse treinamento, decidi me inscrever no mestrado em Psicologia Positiva Aplicada na Universidade da Pensilvânia, no programa criado em 2005. A dissertação apresentada para a obtenção do título deu origem ao livro *Semeando felicidade*, usado na SBCoaching Social, instituição de empreendedorismo social criada para impactar a sociedade e contribuir para formar instituições positivas e um mundo mais ético e virtuoso.

Em 2017, no Fórum Internacional de Coaching e Liderança que organizei, Martin Seligman, convidado ao evento, me atribuiu o título de Embaixadora da Psicologia Positiva no Brasil. Ele ficou impressionado com a qualidade do nosso treinamento de *coaching* positivo e passou a certificar um dos nossos treinamentos, o Fundamentos da Psicologia Positiva. Uma honra e um privilégio. Em 2018, recebi o título de Embaixadora da Felicidade pelo World Happiness Summit, grande evento anual que ocorre em Miami. E, em 2019, fui convidada a participar, na sede da ONU em Nova York, do evento solene de lançamento do World Happiness Report, o relatório anual que divulga o *ranking* dos países mais felizes do mundo.

Silver lining é uma expressão da língua inglesa usada para enfatizar o lado bom das coisas, os aspectos positivos, a esperança.

Uso essa expressão para inventar outra, a *golden lining*, que marca o momento da vida em que me encontro. Nessa fase, uma linha dourada começa a se formar, meus maiores sonhos se tornam realidade e a possibilidade de impactar muitas pessoas com livros, treinamentos e programas sociais constitui meu motor motivacional. Para tudo isso acontecer, vários ciclos de regeneração se passaram na minha vida, vários desafios tiveram de ser superados e muitos outros ainda estão por vir. Por exemplo, o Happiness Adventures, meu mais novo projeto, que proporcionará uma oportunidade única para aprender os pilares fundamentais da felicidade, rever o seu propósito de vida e experimentar o turismo positivo – tudo isso inspirado nesse sabático, esse tempo da felicidade, que você agora tem em mãos. A linha dourada de um futuro brilhante está apenas começando. Para mim e, tenho certeza, para você também.

PASSO 1

EMOÇÕES POSITIVAS: LIBERTE-SE DA PRISÃO EMOCIONAL

O QUE UMA BOA RISADA PODE FAZER POR VOCÊ

O sabático começa com uma desintoxicação. Limpar as toxinas, o desânimo, o desespero e toda a negatividade acumulada para esvaziar-se daquele mal-estar um tanto indefinido, mas persistente, que insiste em se acumular no dia a dia, até o ponto em que o próprio ato de sentir é contaminado. Ou nos sentimos para baixo ou nos sentimos embotados – isto é, comprometemos nossa capacidade de sentir plenamente. Para restaurá-la, as emoções positivas são "agentes desintoxicantes" ideais. Estou falando de felicidade, alegria, contentamento, prazer, gratidão, amor e muitas outras que exercem um papel fundamental: elas são capazes de desfazer os efeitos residuais das emoções negativas e de seu impacto deletério na saúde física e mental. Em outras palavras, são capazes de nos libertar da prisão emocional em que entramos quando a raiva, a frustração, a irritação, o desânimo, o tédio e o desespero passam a ditar o ritmo dos dias – e da vida. Se você estiver muito imerso em sentimentos como esses, talvez seja difícil acreditar que as emoções positivas possam ser suficientemente poderosas para ajudá-lo a romper as grades dessa prisão. Mas acredite: elas têm mesmo esse poder.

Para entender melhor o poder das emoções positivas, pense na última vez em que deu uma boa risada. Refiro-me a uma gargalhada espontânea, incontrolável, daquelas que contraem o diafragma, movem os músculos e chegam até a fazer lacrimejar. Pense no alívio que sentiu depois disso, na leveza, na sensação de que, num passe de mágica, um peso enorme havia sido removido de dentro de você. Saiba que essa sensação foi real. O peso foi mesmo removido. Rir de maneira espontânea é capaz de dissolver a tensão e manter a musculatura relaxada por até 45 minutos. Reduz os hormônios do estresse e fortalece as células do sistema imunológico. O funcionamento dos vasos sanguíneos também melhora, bem como o fluxo sanguíneo, o que beneficia o coração. Esse bem-estar vem das endorfinas, os hormônios que diminuem a dor, costumeiramente relacionados à prática de atividades físicas, mas que também podem ser liberados por uma boa risada. Além disso, rir junto com alguém é uma ótima forma de aumentar a conexão e a cumplicidade, amenizar conflitos, dissolver a raiva e evitar que o ressentimento se acumule. A disposição para a briga se dilui, uma vez que a risada desarma as pessoas, colocando-as num estado mental que permite ver as coisas sob uma nova perspectiva.

A risada é apenas uma manifestação das emoções positivas e de seu efeito desintoxicante e libertador. Mas há muito mais.

O ESTUDO DAS FREIRAS E A FUGA OU LUTA

Quando a Universidade da Carolina do Norte, situada na pequena cidade de Chapel Hill, abriu as portas para os alunos pela primeira vez, em 1795, dificilmente alguém poderia imaginar que, mais de duzentos anos depois, seus característicos prédios de tijolos abrigariam um Laboratório de Emoções Positivas e Psicofisiologia. O laboratório é dirigido pela dra. Barbara Fredrickson, a principal especialista no assunto. Nos conhecemos na Filadélfia, em um jantar na casa de Martin Seligman, quando eu fazia o mestrado em Psicologia Positiva Aplicada. A dra. Fredrickson costuma dizer que, quando fala que estuda emoções positivas, algumas pessoas acham isso trivial, ou até mesmo estranho. Num mundo com tantos problemas, estudar emoções positivas não seria perda de tempo? A resposta, para ela, é uma só: de jeito nenhum! Após duas décadas de pesquisas, ela garante que entender as emoções positivas pode nos ajudar a lidar com os problemas que vivemos hoje, porque não mudam apenas o modo como a mente e o corpo funcionam, mas alteram até mesmo quem somos, transformando a maneira de encarar a vida e lidar com desafios. Elas trazem à tona nosso melhor e colaboram para o aprimoramento pessoal. São, em resumo, a chave para superar as adversidades e viver de maneira significativa. É por isso que o sabático começa com este desafio: aumentar a frequência das emoções positivas no dia a dia.

Meu primeiro contato com o papel das emoções positivas foi por meio de um estudo fascinante, apresentado pela dra. Fredrickson. A história começa nos Estados Unidos, em Minnesota, nos anos 1930, quando jovens freiras da congregação católica Irmãs de Nossa Senhora – uma ordem dedicada principalmente à educação – receberam um pedido de suas superioras. Cada uma deveria escrever um curto relato biográfico, um pequeno resumo de sua vida. Não se sabe ao certo por que esses relatos foram pedidos. O fato é que acabaram sendo arquivados e esquecidos, até que em 1986 o dr. David Snowdon, epidemiologista e professor de Neurologia na Universidade do Kentucky, coordenou uma pesquisa inédita. A ideia de Snowdon era fazer um grande estudo sobre a doença de Alzheimer com as Irmãs de Nossa Senhora. O pesquisador achava que a oportunidade de estudar pessoas com o mesmo estilo de vida, sujeitas às mesmas influências, poderia abrir uma importante janela para a compreensão dessa doença. E ele estava certo. O trabalho, que ficou conhecido como o Estudo das Freiras, é considerado um dos mais inovadores e relevantes da área e ainda está em andamento. Sem que ninguém esperasse, contudo, as emoções positivas entraram na história. Pesquisando os arquivos da congregação, o dr. Snowdon encontrou os relatos autobiográficos que as freiras tinham escrito nos anos 1930, e algumas perguntas surgiram. As autoras dos relatos ainda estariam vivas? E se estivessem, como estaria a saúde delas? Foi então que os cientistas fizeram uma descoberta surpreendente. As freiras que expressaram mais emoções positivas em seus relatos – amor, alegria, gratidão e esperança – viveram, em média, dez anos a mais do que aquelas que expressaram pouca ou nenhuma emoção positiva. Muitas delas ainda se mantinham ativas após os 90 anos. E várias superaram a marca dos 100 anos. É o caso da Irmã Nicolette, uma das freiras participantes do estudo, cujo aniversário de 101 anos o dr. Snowdon testemunhou. O estudo sugere uma relação entre emoções positivas, saúde e longevidade que mais tarde foi confirmada por diversos outros trabalhos.

O Estudo das Freiras inspirou Barbara Fredrickson a fazer o seguinte experimento. Um grupo de voluntários assistiu a um videoclipe com cenas que evocavam emoções positivas e paisagens para inspirar serenidade. Outro grupo assistiu a cenas que suscitavam emoções negativas, como medo ou tristeza. E, por fim, um grupo de controle assistiu a cenas neutras. Depois, os participantes realizaram um teste cujo objetivo era verificar a capacidade de pensar de modo mais amplo. Os resultados não deixaram dúvidas. Os participantes que tiveram as emoções positivas estimuladas demonstraram uma visão ampliada e a habilidade de ver o quadro geral das situações. Os participantes cujas emoções negativas foram estimuladas tenderam a focar os detalhes em vez de se ater ao quadro geral. Esse e outros estudos levaram Fredrickson a solucionar um questionamento que vinha chamando a atenção dos cientistas e pode ser resumido na seguinte pergunta: para que servem as emoções positivas?

Antes de responder a essa pergunta, vamos fazer um pequeno "aquecimento", para entender um pouco melhor o que são as emoções. A palavra "emoção" deriva do verbo latino *movere*, que significa "mexer", "agitar", "mover". Essa origem nos aproxima de uma função-chave das emoções: elas enviam sinais aos órgãos e músculos a fim de nos preparar para entrar em ação.

No caso das emoções negativas, essa função é bem mais clara. Imagine que você está atravessando a rua meio distraído e, de repente, percebe que um carro em alta velocidade está vindo em sua direção. Uma emoção negativa é disparada – o medo –, alertando-o do perigo iminente. Logo em seguida, uma série de reações começa a acontecer. Assim que você sente medo, a amígdala cerebelar, uma pequena área no centro do cérebro, envia sinais ao sistema nervoso autônomo, que regula diversas funções corporais. Os batimentos cardíacos disparam, a pressão arterial sobe, a respiração se acelera, os músculos são tensionados, e os hormônios do estresse, como a adrenalina e o cortisol, são liberados na corrente sanguínea. O foco se afunila, você fica totalmente concentrado na situação que está enfrentando, aperta o passo e corre para o outro lado da rua. O que acabei de descrever é um mecanismo conhecido como "fugir ou lutar", uma reação fisiológica que ocorre quando estamos diante de uma ameaça e que nos prepara para fugir ou lutar contra o perigo, cujo papel é importantíssimo para a sobrevivência. O problema é que podemos ter essa mesma reação diante de perigos reais ou imaginários – ou, pelo menos, que não implicam riscos à vida –, como pressão no trabalho, conflitos nos relacionamentos, discussões no trânsito e diversas outras situações. Até a lembrança desses momentos estressantes pode desencadear essas mesmas reações. Depois que a ameaça desaparece, o corpo leva de 20 a 60 minutos para voltar ao normal. Imagine, então, o que acontece quando vivemos uma rotina estressante, na qual essa reação é acionada várias vezes por dia.

O estresse agudo, aquele que sentimos no instante em que o problema ocorre, começa a se transformar em estresse crônico, que é mais duradouro, intenso e nos deixa vulneráveis a uma série de doenças físicas e mentais. Se você está oscilando entre o desânimo e o desespero, é possível que esteja transitando nessa área em que o estresse se torna cada vez mais frequente e as pausas necessárias para a recuperação tornam-se cada vez mais escassas – se é que ainda ocorrem. E aqui voltamos a falar das emoções positivas.

AMPLIAR E CONSTRUIR

O experimento da dra. Fredrickson mostrou que os voluntários expostos a cenas que evocavam emoções positivas ampliaram sua visão e a habilidade de enxergar o quadro geral. Disso se originou uma teoria, depois reforçada por outras pesquisas, que ela chamou de "ampliar e construir" [*broaden-and-build*, em inglês]. O nome alude à capacidade de as emoções positivas expandirem o repertório de pensamentos e ações e construir recursos pessoais, tanto os físicos quanto os intelectuais, sociais e psicológicos. Isso significa que as emoções positivas são capazes de relaxar a pressão causada pelas emoções negativas e nos deixar mais livres para criar, nos relacionar e nos desenvolver.

Suponha que você esteja irritado por causa de uma discussão no trabalho. O seu foco fica estreito, ou seja, você só consegue pensar nisso. A musculatura está tensa, a cabeça dói... Você tem um projeto para entregar, mas simplesmente não consegue se concentrar. O prazo de entrega vai se aproximando, a tensão aumenta, e o estresse sobe ainda mais, até que tudo parece virar uma grande bola de neve. Imagine, porém, que algo interrompa esse ciclo. Por exemplo, um almoço muito agradável com um amigo que você não via há algum tempo. Veremos como essa situação tão prosaica pode suscitar uma gama de emoções e como cada uma delas pode transformar você.

Primeiro, vocês relembram histórias divertidas da época da escola, e você fica alegre, muito alegre. A alegria é aquela sensação de leveza e de liberdade, que faz aflorar um sorriso sincero e nos dá a sensação de que somos crianças novamente. Ao experimentar a alegria, outras coisas acontecem com você. Para começar, a adrenalina e o cortisol voltam aos níveis normais, o coração bate mais devagar, e a respiração fica mais serena. A pressão sanguínea se normaliza, os músculos relaxam, e o estresse pouco a pouco se dissolve. Além disso, a alegria estimula o desejo de brincar, de ir além dos limites habituais, soltar-se e ser criativo – o que exerce um efeito positivo sobre o comportamento social e intelectual e sobre o lado artístico. A alegria também facilita a aquisição de competências por meio do aprendizado experimental, que ocorre quando se brinca e se dá vazão à criatividade.

Ainda nesse encontro com o amigo, ao falar de sua vida, você percebe que, no geral, as coisas não estão tão ruins assim. Conforme relata situações boas e importantes do dia a dia, você se deixa tomar pelo contentamento. Refiro-me à sensação de estar vivendo um momento único, realmente precioso. Você se sente sereno e satisfeito e tem a sensação de que tudo é como deveria ser. Ao experimentar o contentamento, ocorre um estímulo ao desejo de saborear as circunstâncias naquele momento e de usá-las para criar maneiras de enxergar o mundo e a si próprio. Como consequência, você desenvolve um senso um pouco mais refinado de si mesmo e de suas prioridades, e o estresse vai ficando para trás.

No almoço, seu amigo fala sobre um assunto que lhe desperta interesse. Esse estado de espírito surge quando algo nos suscita curiosidade, por nos apresentar novidades e desafios, ou quando fazemos algo de que gostamos muito, e cria o desejo de explorar, de conhecer, de absorver novas informações e experiências. Um interesse profundo faz os pensamentos e as ideias fluírem e, no processo, nos expandimos. Quando estamos envolvidos em alguma coisa, praticamos com maior intensidade aquilo que aprendemos, e é assim que o conhecimento se torna para nós um recurso durável. Por isso, o interesse também tem o poder de nos transformar.

No momento em que reencontra seu amigo, você pensa no quanto gosta dele, e sua irritação se dissipa, dando lugar ao amor. Você se sente aquecido, como se o coração estivesse prestes a transbordar, e se percebe vivo, pleno e inteiro, de um modo muito mais intenso do que costuma experimentar no dia a dia. Ao experimentar o amor – seja por família, amigos, par romântico, pela natureza, por um animal de estimação ou pela humanidade em geral –, tudo o que aconteceu quando você experimentou a alegria, o contentamento, o interesse e outras emoções positivas é amplificado.

O amor estimula a liberação, na corrente sanguínea, da ocitocina, hormônio responsável, entre outras funções, pelas contrações musculares uterinas durante o parto, pela produção de leite materno e pela criação de empatia entre as pessoas – e talvez por isso seja chamado popularmente de "hormônio do amor". A ocitocina estimula a confiança no outro, a generosidade, o afeto e, consequentemente, os laços sociais. Além disso, esse hormônio possui propriedades anti-inflamatórias e antioxidantes que facilitam a reparação de tecidos danificados; por isso, ao sentir amor, você de fato começa a se curar. O coração também se fortalece, pois a ocitocina contribui para o processo natural de autoproteção e autorreparação cardíaca. Ao mesmo tempo em que tudo isso acontece, o cérebro está em plena neurogênese, isto é, produzindo milhões de novos neurônios – um processo que também é estimulado pela ocitocina. Logo, ao experimentar a emoção do amor, você também se transforma.

A alegria, o contentamento, o interesse e o amor são, portanto, de acordo com as pesquisas da dra. Fredrickson, as quatro emoções positivas mais frequentes, embora haja outras seis que componham esse grupo. Vale a pena conhecê-las, pois vamos precisar de todas elas em nosso tempo dedicado à felicidade.

UM UNIVERSO DE EMOÇÕES

Talvez você se surpreenda com isso, mas o orgulho também é uma emoção positiva, e das mais importantes. Não estou falando da sensação de ser melhor do que os outros – isso é apenas arrogância. Refiro-me ao orgulho autêntico, que emerge quando reconhecemos – ou somos reconhecidos por – algo de valor que realizamos. Apreciar o fato de que somos capazes de feitos dignos de mérito nos leva a sonhar ainda mais alto e nos motiva a perseguir objetivos mais desafiadores. Se você está se sentindo desanimado, experimente fazer este teste. Pense num momento em que você sentiu muito orgulho de si mesmo, por algo que realizou ou criou. Traga esse instante à tona e reviva-o em detalhes. Evoque a sensação de orgulho e volte a senti-la. O seu estado mental vai mudar rapidamente, porque recuperar a sensação de orgulho autêntico é um dos melhores antídotos contra o baixo-astral.

Às vezes, porém, tudo parece tão denso e carregado que até mesmo evocar emoções positivas fica difícil. Nessas horas, sempre podemos recorrer à esperança, que, ao contrário da maioria das outras emoções, pode ocorrer em situações nas quais tememos que o pior aconteça, mas desejamos intensamente o melhor. A esperança não é a vontade de que tudo se realize da maneira que queremos como num passe de mágica. Trata-se de saber o que se quer, encontrar os caminhos para chegar lá e ter iniciativa para agir. É por isso que a esperança é tão preciosa. Ela nos dá a força necessária para reunir habilidades e criatividade a fim de mudar as circunstâncias negativas. No momento em que você entende que é sempre possível encontrar uma saída, começa a recuperar a esperança. E, por tê-la recuperado, a saída que você busca se torna mais clara e mais real.

Mas também pode ocorrer que, neste instante, você esteja se sentindo estressado demais para pensar em objetivos e caminhos. Se esse for o caso, experimente evocar a diversão. Essa sensação é uma emoção positiva que surge quando algo engraçado ou agradável acontece. Não é difícil evocá-la. Às vezes, basta uma conversa descontraída com os amigos ou assistir a um filme de seu comediante favorito. A diversão estimula a jovialidade, a necessidade de compartilhar risadas e a consolidação de laços sociais duráveis. E também gera as condições ideais para estimular as risadas espontâneas, aquelas das quais falei no começo deste capítulo, que limpam o espírito e a mente.

Sei que às vezes o desânimo ou o cansaço são tão profundos que nem sequer conseguimos encontrar energia para evocar o orgulho, encontrar a esperança ou buscar diversão. Se isso ocorrer, uma boa pedida é a inspiração – uma emoção das mais importantes. Ela nos compele a colocar ideias em ação, acionando um processo que ocorre em três fases. A primeira é a evocação, ou seja, aquilo que estimula a inspiração. É como uma fagulha que, de repente, traz algo diferente e relevante para sua vida. A segunda fase é a transcendência. A partir daquela fagulha inicial, novas possibilidades assomam à consciência. O seu horizonte se expande para acomodar o novo, e você é estimulado a ir além dos seus limites habituais – isto é, é estimulado a transcender. Esse é um momento muito especial. A nova consciência é tão vívida, real e carregada de emoção que você vai direto para a terceira fase do processo, que é a motivação para agir. Uma vez inspirado, você se sente compelido a agir imediatamente para transmitir e expressar sua nova visão. A inspiração pode vir de muitos lugares: de pessoas admiráveis ou do repertório formado pelo que leu, ouviu, presenciou, assistiu ou viveu. E, sim, a inspiração para o seu sabático da felicidade pode, também, vir deste livro – essa foi minha intenção ao escrevê-lo.

Semelhante, mas não igual, à inspiração é a elevação, a próxima emoção positiva em nossa lista. Como o nome sugere, elevação é sentir-se maravilhado, profundamente comovido, diante do sublime. A emoção é tão intensa que é como se você transcendesse o aqui e o agora e entrasse em profunda comunhão com algo muito maior do que a rotina diária e as preocupações cotidianas. Experimentar essa emoção pode nos levar a ampliar, ou até mesmo mudar, a maneira como vemos o mundo. E, sobretudo, pode nos colocar em contato com nosso propósito e com o sentido de nossa vida. Há muitos caminhos para a elevação. Podemos nos sentir elevados diante da beleza, da bondade, da coragem, da excelência. Durante o meu sabático, tive a oportunidade de experimentar a elevação diante da beleza e da excelência. Aconteceu no Château du Clos Lucé, no Vale do Loire, na França, onde Leonardo da Vinci morreu. Como meu sabático coincidiu com as comemorações dos 500 anos da morte do grande mestre, resolvi visitar o magnífico solar no qual Da Vinci passou seus últimos anos. Fiquei encantada com o que vi, mas a elevação acabou surgindo por acaso. Eu já estava indo embora quando começou a chover – uma chuva repentina, dissipando um pouco o calor daquele mês de julho na França. Decidi esperar a chuva passar e vagava meio sem rumo por aquele lugar mágico. Foi quando me deparei com uma enorme tapeçaria em que a Santa Ceia é representada. A obra, que Da Vinci fez com base em seu famoso afresco, havia sido restaurada e estava sendo apresentada pela primeira vez fora do Vaticano e dos museus italianos. Eu me sentei em um banco em frente à tapeçaria, e foi então que me senti elevar. Pensei em quantas e quantas pessoas haviam, ao longo dos séculos, se postado diante daquela obra e experimentado as mesmas sensações. Pessoas que não se conheciam e jamais se conheceriam, separadas pelo tempo e pelo espaço, mas que, durante alguns instantes, tinham partilhado comigo a mesma emoção. O fato é que a elevação pode surgir em diversos momentos. Diante de um pôr do sol, por exemplo. Diante do riso de uma criança ou de uma pessoa realizando um ato essencialmente humano e comovente.

No próprio dia a dia, as oportunidades de se elevar podem estar à sua espera.

Terminamos nossa lista das dez principais emoções positivas com a gratidão. Contudo, embora as emoções positivas tenham sido organizadas numa lista para facilitar o entendimento, elas compõem, na verdade, um movimento circular no qual uma potencializa e estimula a outra. E, se a gratidão conclui esse ciclo, ela também pode ser vista como a força que o coloca em movimento. O motivo é muito simples. Muitas vezes nos encontramos num estado de embotamento no qual a fixação com os problemas do dia a dia parece não deixar espaço para mais nada. Nem mesmo para enxergar a alegria, o contentamento, o interesse, o amor, o orgulho, a esperança, a diversão, a inspiração e a elevação à nossa volta. Se não conseguimos detectá-las, como é possível evocar essas emoções deliberadamente? Acredite, quando nada mais parece funcionar, a gratidão torna tudo possível. Ela é composta por dois movimentos quase simultâneos: no primeiro, reconhecemos que existe algo bom em nossa vida; no segundo, reconhecemos a fonte do que identificamos como bom, que pode ser outra pessoa, a própria vida ou, no caso daqueles que cultivam a espiritualidade, um poder que está acima de nós, o universo ou os aspectos divinos da existência. Ao reconhecê-la, você experimenta a gratidão. Imediatamente, alguma coisa em você se transforma. Você percebe que a vida vale a pena, que existe bondade no mundo e que, mesmo achando que não fez nada para merecer, é o receptor dessa bondade. Ainda que esteja atravessando o dia mais horrível de sua vida, se encontrar uma única coisa pela qual seja grato, sua perspectiva vai mudar. É claro que as agruras não vão desaparecer. Contudo, elas podem ser reinterpretadas sob uma nova luz, ou enfrentadas com mais força e energia, se você perceber que o dia pode ter sido difícil, mas, apesar disso, existem motivos para sentir-se grato.

Minha avó é, para mim, uma constante fonte de inspiração no que diz respeito à gratidão. Aos 13 anos, ela imigrou do Japão para o Brasil em companhia do irmão e da cunhada. Trabalhou na lavoura, casou-se, criou sete filhas, dezesseis netos e catorze bisnetos. Em 2019, comemorou seu centésimo aniversário. Desde minha infância até hoje, o que nunca mudou em minha avó foi o seu persistente senso de gratidão. Sempre que recebe uma visita, seja da família, seja de amigos ou da fisioterapeuta que a assiste semanalmente, ela diz duas coisas. A primeira é: "Obrigada por me visitar". A segunda é um elogio. Seja um comentário sobre a roupa, o cabelo ou a aparência, minha avó nunca deixa alguém ir embora sem ser elogiado. Com ela, aprendi algo que depois confirmei, não só pelas minhas experiências, mas também por meio de inúmeras pesquisas feitas sobre o assunto. Gratidão e apreciação andam juntas. Para sermos gratos, precisamos recuperar a capacidade de apreciar. É assim que abrimos as portas para as outras emoções positivas – não apenas as dez sobre as quais conversamos aqui, mas para todas elas. A partir daí, as transformações não são somente metafóricas, mas concretas e palpáveis.

Uma pesquisa feita pelo principal pesquisador da gratidão, Robert Emmons, professor de Psicologia da Universidade da Califórnia, em Davis, nos dá uma pista quanto à dimensão dessas transformações. Emmons realizou um experimento com três grupos de voluntários. O primeiro deveria escrever, a cada semana, quais foram os cinco principais acontecimentos que viveram naquele período. O segundo grupo foi encarregado de registrar cinco reveses ou contratempos pelos quais passaram. E o terceiro deveria relatar cinco "bênçãos", cinco acontecimentos pelos quais se sentiram gratos. O resultado foi que o grupo da gratidão teve muito mais ganhos do que os outros. Eles apresentaram um progresso maior na conquista de seus objetivos, menos problemas de saúde e dores físicas, mostraram-se mais otimistas e, de modo geral, experimentaram um bem-estar mais elevado. Além disso, o que aprendi com minha avó – e a ciência confirmou – é que a gratidão fortalece os laços sociais e comunitários. Muitas vezes nos esquecemos de agradecer àqueles a quem amamos. Pensamos coisas do tipo: "Eles sabem o quanto sou grato". A gratidão, no entanto, precisa ser manifestada. Veja o que ocorre nos relacionamentos íntimos. Pesquisas indicam que, quando as pessoas se sentem apreciadas por seus parceiros ou parceiras, são mais estimuladas a perceber novas qualidades nele ou nela, a passar mais tempo juntos e até mesmo a se comprometer e a fazer sacrifícios pelo outro. Na verdade, o senso de gratidão em relação ao parceiro é um poderoso indicador de longevidade e satisfação no relacionamento.

Agora você já deve estar entendendo melhor por que é tão importante começar o sabático da felicidade com as emoções positivas.

O PRIMEIRO PASSO DO SABÁTICO

Cada tipo de emoção tem algo que se poderia chamar de "assinatura bioquímica". Por exemplo, conforme você viu no início deste capítulo, o amor está associado à ocitocina, o hormônio do afeto, que contribui para baixar os níveis de cortisol e a pressão arterial. A raiva, por outro lado, está associada ao cortisol, o hormônio do estresse, que, em excesso, pode estimular o surgimento de uma série de doenças, além de prejudicar a capacidade cognitiva. Pessoas que têm explosões de raiva frequentes e se irritam com facilidade chegam a secretar até quarenta vezes mais cortisol do que pessoas com um temperamento mais sereno! Você viu também que as emoções positivas estão associadas à facilitação do processo de atingir objetivos importantes, ao fortalecimento dos laços sociais e ao aumento do bem-estar físico e psicológico. Além, é claro, de terem uma estreita relação com a saúde e a longevidade. Ainda assim, quando falamos em aumentar a frequência de emoções positivas, a ideia não é eliminar as negativas, mas buscar um equilíbrio.

Quem nos ensina a "fórmula" desse equilíbrio é Barbara Fredrickson. Suas pesquisas indicam a existência de algo que poderíamos chamar de "quociente da positividade". Para estimular nosso florescimento, o ideal é, a cada dia, experimentar três emoções positivas para cada uma negativa. A proporção de duas positivas para uma negativa é a que a maioria das pessoas sente todos os dias. Menos do que isso significa que o bem-estar pode estar comprometido. Pessoas que sofrem de depressão e de distúrbios emocionais possuem um quociente de positividade ainda mais baixo: uma emoção positiva para uma negativa, ou menos.

Ao longo deste capítulo, você conheceu diversas maneiras de estimular as emoções positivas. Agora, porém, chegou a hora de organizar tudo isso num processo, o do sabático da felicidade. As emoções surgem como uma resposta ao modo como avaliamos aquilo que nos acontece. Essas avaliações são influenciadas por crenças, hábitos e modo de ver a vida. Com todos os anos de experiência que acumulei treinando milhares de pessoas – e também investindo no meu desenvolvimento –, há uma coisa que posso garantir: você só vai conseguir mudar crenças e hábitos que não o favorecem por meio do comprometimento, da prática e da repetição. Neste livro, tentei organizar esse processo de uma forma simples, prazerosa e eficaz. Contudo, o compromisso com a mudança precisa vir de você. Naturalmente, para se comprometer, é preciso, antes de tudo, estar motivado. Por isso, a cada etapa do sabático, do seu tempo para a felicidade, a ideia é que você busque a inspiração. Conforme eu disse antes, a inspiração é aquela fagulha que leva à motivação e à ação. Esse será, então, nosso ponto de partida.

Depois de se conectar com o tema do primeiro passo do sabático – as emoções positivas –, a etapa seguinte é a regeneração. Isso implica se beneficiar do efeito regenerador do sabático por meio de alguma atividade que o ajude a fazer aflorar as emoções positivas. E, por fim, a última etapa consiste em projetar o seu dia com base nas emoções que está experimentando. Você vai precisar de duas coisas: de sessenta minutos diários e de um caderno para anotar reflexões e *insights*. O horário ideal é de manhã, logo ao acordar, pois assim as chances de começar o dia com mais disposição são bem maiores. Escolha um lugar tranquilo, onde não seja interrompido. Se sua rotina é apertada, experimente acordar uma hora mais cedo. É aqui que é preciso ter comprometimento. E de uma coisa você pode ter certeza: os resultados valem a pena. Prepare-se. O seu sabático da felicidade vai começar.

1. CONECTAR

Conecte-se com as emoções positivas. Busque, entre as que foram mencionadas neste capítulo, aquela que você mais precisa sentir novamente. Depois de detectar essa emoção, pense num momento em que a sentiu com muita intensidade. Lembre-se de como foi, do que estava fazendo e de onde estava. Reviva essa emoção e permita-se senti-la mais uma vez. Se preferir, ouça uma música ou contemple alguma imagem que você associe a essa emoção. Deixe de lado os problemas e as preocupações. Apenas aprecie o momento e sustente por algum tempo a emoção evocada. Depois, anote no diário do sabático os pensamentos, as reflexões e os *insights*.

2. REGENERAR

Pense em três coisas positivas – três bênçãos – que aconteceram com você no dia anterior e lhe despertam gratidão. Podem ser coisas muito simples. O sabor do pão quente no café da manhã, uma palavra de gentileza que alguém lhe dirigiu ou simplesmente um instante no qual, de repente, você se sentiu grato por estar vivo, desfrutando daquele momento. Reviva cada uma dessas bênçãos e anote-as no diário, relatando pensamentos e sensações que lhe ocorreram.

3. PROJETAR

Imagine, agora, que hoje você vai ter um dia ideal. Estará muito mais alerta para as oportunidades de experimentar emoções positivas e também para criar essas oportunidades. Procure pelo menos três ocasiões para experimentar emoções positivas em sua rotina diária. Você pode, por exemplo, agradecer a alguém que é importante em sua vida, fazer um elogio sincero a uma pessoa que está sempre perto de você, pagar um café para um morador de rua, comer sua refeição favorita no almoço em companhia de um amigo, falar de coisas positivas em vez de reclamar ao chegar em casa... as possibilidades são infinitas. Use a criatividade. Escreva no diário o que pretende fazer e como você vai se lembrar disso ao longo do dia (programar um toque do celular, mandar mensagens para si mesmo, consultar o diário...). Se você sentir interesse e vontade de começar logo, é porque escolheu as ações mais indicadas para colorir seu dia com emoções positivas.

DICA: CONHEÇA E SUPERE O PRINCIPAL INIMIGO DAS EMOÇÕES POSITIVAS

O maior inimigo das emoções positivas atende pelo nome de autocriticismo. Mas, antes de prosseguir, é preciso fazer uma distinção importante. Aceitar críticas, admitir os próprios erros e assumir a responsabilidade por suas ações é um processo normal e saudável para o desenvolvimento. O autocriticismo, no entanto, não tem nada a ver com isso, mas consiste em assumir, diante do próprio sofrimento, uma postura dura e intolerante consigo, em autoavaliar-se de maneira negativa, até mesmo cruel, diante de seus erros, tropeços ou fracassos. É aquela voz no fundo da mente que entra em cena nos momentos em que você está mais vulnerável e mais necessita se fortalecer. E, em vez de ajudá-lo nisso, ela faz o oposto. Faz você se cobrar, se culpar e se punir até mesmo em situações dolorosas. E, como se isso não bastasse, ainda o impede de aproveitar plenamente os momentos que deveriam ser de alegria e prazer. Sendo assim, não causa surpresa o fato de que, de acordo com pesquisas, as pessoas mais autocríticas são aquelas que menos experimentam emoções positivas. São, também, as mais vulneráveis a problemas que afetam a saúde mental.

Você com certeza é capaz de identificar momentos nos quais se deixa levar pelo autocriticismo e sabe muito bem o quanto é difícil recuperar o bem-estar depois de se bombardear com críticas e recriminações. A boa notícia é que existe um antídoto, tão poderoso que é capaz de reabrir para você as portas para as emoções positivas: a autocompaixão – o oposto do autocriticismo. Ter compaixão por si mesmo é tratar-se com cuidado e carinho em situações nas quais você se sente inadequado, envergonhado e fragilizado. É agir consigo do mesmo modo que agiria com um amigo querido que está passando por um momento difícil.

Kristin Neff, professora associada do departamento de Psicologia da Educação da Universidade do Texas, elegeu a autocompaixão como objeto de pesquisa depois de ter passado por maus momentos por causa do autocriticismo. Seus estudos a levaram a identificar os três elementos fundamentais para desenvolver a autocompaixão. O primeiro é a autogenerosidade, a atitude de ser generoso consigo mesmo e de se aceitar em vez de se punir. O segundo é a atenção plena (*mindfulness*), que é estar plenamente no momento presente. Nesse contexto, a atenção plena permite entrar em contato com a dor sem ficar preso a pensamentos negativos e repetitivos – as chamadas "ruminações". E o terceiro elemento é a humanidade. Assumi-la significa reconhecer que ninguém é perfeito, que errar é humano e que você não está sozinho. Todos os seres humanos experimentam essas mesmas sensações. Além de combater o autocriticismo, a autocompaixão nos traz vários benefícios. Reduz a depressão e aumenta o bem-estar, a satisfação com a vida e a disposição para se cuidar mais, o que estimula a vitalidade. E também o deixa menos reativo, o que o torna mais aberto para as emoções positivas. Se você enfrentar dificuldades para evocar emoções positivas, verifique se o autocriticismo não está por trás disso. Caso esteja, você já sabe o que fazer: permita-se ser mais generoso consigo mesmo, foque a atenção para sair das ruminações e abrace sua humanidade, lembrando-se de que não está sozinho.

PASSO 2

BEM-ESTAR FÍSICO E PSICOLÓGICO: ASSUMA O CONTROLE DA SUA NAVE-MÃE

SEM DESCANSO. E SEM MOVIMENTO

O sabático da tradição judaica remete ao descanso – ao dia em que Deus descansou após criar o universo –, observado por muitos como uma forma de aquietar o corpo e a alma, restaurar as forças, regenerar-se e recomeçar. Talvez por isso você esteja aguardando com certa impaciência, perguntando-se quando vou falar de descanso. Afinal, na correria em que vivemos, um bom descanso é sempre bem-vindo. Se o descanso for nas férias, então, melhor ainda. Quem discordaria disso? No entanto, uma pesquisa feita nos Estados Unidos mostrou que 30% das pessoas têm dificuldade para lidar com o estresse do trabalho quando estão em férias. Elas simplesmente não conseguem se desligar. E há um bom motivo para isso: o estresse vicia. Quem nos explica como isso acontece é Conor Liston, psiquiatra do Weill Medical College, da Universidade Cornell, de Nova York e um dos principais especialistas nesse tema. O que ele tem a dizer é preocupante. Para algumas pessoas, a súbita interrupção do estresse causa efeitos semelhantes à síndrome de abstinência de esteroides – os anabolizantes derivados da testosterona usados para aumentar a massa muscular –, como mudanças no metabolismo e drásticas oscilações no humor. Isso ocorre porque o estresse libera a adrenalina, o que pode ser viciante, e, na falta da substância, o corpo reage, como em qualquer outra situação de dependência química. Há um preço a pagar, contudo. O estresse aumenta a pressão arterial, tensiona a musculatura, enfraquece o sistema imunológico e abre as portas para uma série de doenças. Além disso, pode contribuir para depressão, exaustão e ansiedade.

Para complicar ainda mais, esse trio também está ligado ao vício em trabalho, a tendência a trabalhar compulsivamente a ponto de prejudicar a saúde, os relacionamentos e outros aspectos da vida. E aqui convém esclarecer alguns pontos. Não, ser *workaholic* não é requisito para o sucesso profissional nem sinônimo de alta performance e produtividade. Ao contrário do engajamento, que é um estado mental positivo e gratificante voltado para o trabalho e envolve vigor, dedicação e absorção, a compulsão por trabalho não é positiva nem gratificante: é exaustiva. Ou seja, o *workaholic* trabalha muito, mas nem sempre trabalha bem. E, ao contrário do engajado, ele não experimenta satisfação com o trabalho. Adivinhe agora quem são as pessoas que menos conseguem relaxar? Os *workaholics*, é claro! E eles não são poucos. Nas sociedades industrializadas, o número de indivíduos viciados em trabalho pode chegar a um quarto da população profissionalmente ativa. Por aí já deu para perceber que falar de descanso e relaxamento não é tão simples quanto parece.

O fato é que vivemos um paradoxo. Não sabemos descansar nem exercitar o corpo corretamente. Em nosso mundo hiperconectado, de alta tecnologia, competitivo e acelerado, o cérebro humano é obrigado a trabalhar mais e mais rápido. Para fazer isso, ele precisa de várias proteínas cruciais para os processos mentais mais elevados. Muitas dessas proteínas são produzidas quando movemos os músculos. No entanto, o sedentarismo excluiu da vida de muitas pessoas o hábito de exercitar-se regularmente. O resultado é o aumento do estresse, da obesidade e de diversos problemas físicos, mentais e psicológicos. Entre esses problemas estão as chamadas doenças hipocinéticas. O prefixo *hipo*, que vem do grego, significa "baixo", e *cinético* refere-se a "movimento". Logo, doenças hipocinéticas são aquelas relacionadas a pouco movimento físico – ou seja, ao sedentarismo. Alguns exemplos de doenças hipocinéticas são a hipertensão arterial, a diabetes tipo II e as cardiopatias. É claro, todos nós pensamos em começar a frequentar a academia – esse é, por sinal, um item infalível em qualquer lista de resoluções de ano-novo que se preze. A Nielsen's Global Health & Wellness Survey entrevistou 30 mil pessoas em sessenta países e descobriu que 72% dos entrevistados estão se exercitando ou planejam se exercitar. No entanto, as pesquisas também mostram que 50% dos adultos que começam alguma atividade física desistem após poucos meses. Sem descansar de verdade e sem nos movimentar adequadamente, tudo indica que estamos em um beco sem saída. Ou será que não?

Existe uma saída, sim, e ela consiste em aprender – ou reaprender – a descansar e a nos movimentar, bem como tudo aquilo que torna a vida mais saudável. E uma vida mais saudável é, também, uma vida mais feliz, pois tanto o estresse quanto o sedentarismo estão associados, entre outras coisas, à depressão, à ansiedade e à consequente redução do bem-estar.

Assim, na segunda etapa do sabático, a proposta é ver o corpo com um olhar diferente – com o olhar de quem está disposto a reassumir o controle de sua nave-mãe, pois é isso que o corpo é para nós. É por meio dele que estamos presentes no mundo, criando e exprimindo sentimentos, emoções, comportamentos e pensamentos. É o que nos diz o conceito de cognição incorporada, segundo o qual o conhecimento e as representações mentais estão integrados com o sistema sensório-motor. Tudo o que chega à mente passa antes pelo corpo e é afetado pelas condições em que o corpo se encontra, inclusive pela visão de mundo. Pense nisso. Os objetivos que você escolhe e a determinação para alcançá-los, os desafios que está enfrentando, os relacionamentos, a performance, o modo de perceber a realidade e o próprio bem-estar psicológico são influenciados pelo nível de bem-estar físico. Um exemplo bem simples: você consegue evitar o mau humor e a irritabilidade quando sente dor? O corpo é essencial para o funcionamento otimizado, ou a capacidade de funcionar bem no dia a dia. Funcionar bem é dar conta das atividades, atribuições, papéis e responsabilidades sem desgaste excessivo e mantendo uma boa performance. Impossível? Na verdade, não. Para isso, é necessário contar com um agente físico – o corpo – que disponha de saúde, vitalidade e vigor. Isto é, que disponha de estamina, que é, em resumo, aquilo que popularmente chamamos de energia.

Em *The Power of Full Engagement* [O poder do engajamento total, sem edição em português], Tony Schwartz e Jim Loehr explicam que existe uma relação entre performance, saúde e felicidade, que passa pela habilidade de administrarmos o recurso mais precioso de que dispomos: nossa energia. E por falar nela, como anda a sua? Schwartz e Loehr dizem que somos responsáveis pela energia que trazemos ao mundo. E, quanto mais assumirmos essa responsabilidade, mais contato teremos com nosso poder pessoal, que advém quando assumimos o controle de nossa nave-mãe.

AQUILO QUE TODOS NÓS (AINDA) QUEREMOS

Como seria o melhor futuro possível para você? Há mais de cinquenta anos, o Instituto Gallup começou a fazer essa mesma pergunta às pessoas. A busca pela resposta durou décadas, passou por mais de 150 países e transformou-se em uma pesquisa cuja amostragem abrange mais de 98% da população mundial. A boa saúde foi uma das respostas que mais se repetiram. Esse anseio compartilhado por bilhões de pessoas nos leva a um conceito de extrema importância: o bem-estar físico. Não se trata apenas da ausência de doenças, mas de escolhas referentes ao estilo de vida que sejam capazes de favorecer a saúde, evitar doenças que possam ser prevenidas e promover o equilíbrio entre corpo e mente. Ou seja, estamos falando de saúde positiva. Trata-se de um novo campo do conhecimento proposto pelo pioneiro da psicologia positiva, Martin Seligman. A saúde positiva se concentra no que nos torna saudáveis. Mais do que a ausência de doenças, a saúde positiva envolve três recursos essenciais para uma vida saudável. Os primeiros são os recursos biológicos, que Seligman chama de terminais positivos das funções fisiológicas. A questão, aqui, é manter em níveis saudáveis indicadores como massa corporal, pressão arterial e colesterol, entre outros. Isso envolve, por exemplo, alimentação adequada, exercícios físicos regulares, descanso, noites bem-dormidas e controle do estresse.

O segundo grupo de recursos da saúde positiva inclui o que Seligman chama de recursos subjetivos. São os estados que nos fazem experimentar o bem-estar: sentir-se otimista, estar satisfeito com a própria vida, desfrutar de emoções positivas, ter um propósito e encontrar sentido naquilo que você faz. Seligman diz que esses recursos marcam a intersecção entre a saúde física e a saúde mental, e vários estudos confirmam essa premissa. Um deles começou em meados dos anos 1980, em San Francisco, e acompanhou um grupo de 120 homens que haviam tido um ataque cardíaco pela primeira vez. Além dos dados médicos, também foram coletadas informações sobre trabalho, família e *hobbies* dos participantes; com base nas entrevistas, os pesquisadores os classificaram como otimistas ou pessimistas, e os resultados foram guardados em um envelope fechado. Depois de pouco mais de oito anos, metade dos participantes havia morrido por conta de um segundo ataque cardíaco. Os pesquisadores, então, abriram o envelope. O que eles descobriram foi surpreendente. Nenhum dos indicadores habituais (por exemplo, pressão arterial e colesterol) foi suficiente para prever quem iria sucumbir. Apenas o otimismo – ou sua ausência – agiu como indicador: entre os dezesseis participantes classificados como mais pessimistas, quinze faleceram após o segundo ataque. Entre os dezesseis mais otimistas, apenas cinco faleceram. Quer saber qual é a hipótese mais provável? Os otimistas possuem estratégias mais eficazes para lidar com o estresse – o que deixa mais claro o motivo pelo qual o otimismo é considerado um recurso subjetivo para a saúde positiva.

Há, ainda, a terceira categoria de recursos, os funcionais. Eles se referem à qualidade do desempenho humano. Nessa lista entram indicadores de capacidade física, como flexibilidade, força e resistência, assim como o que é chamado de ecologia pessoal. Mais especificamente, o modo como as funções corporais respondem às demandas do estilo de vida de cada um, o que se refere a como vivemos, trabalhamos, amamos... Nossa ecologia pessoal é positiva quando dispomos de força e energia suficientes para termos sucesso nas atividades físicas e mentais cotidianas em todos os aspectos da vida – pessoal, profissional, social, familiar e afetivo.

Se você não tem energia para curtir a família e acha que o estresse está prejudicando sua performance profissional, cuidado: seus recursos funcionais podem estar comprometidos. Assim como os recursos físicos, um estilo saudável também pode melhorar os funcionais. E, se pensarmos bem, isso igualmente se aplica aos recursos subjetivos. Afinal, para que você cultive o otimismo e as emoções positivas e se engaje em seu propósito, é importante que o corpo e a mente estejam bem. "Mente sã em corpo são", como diziam os antigos romanos. A propósito, a expressão é atribuída ao poeta romano Juvenal, que a teria concebido como resposta ao que as pessoas deveriam desejar da vida. Curiosamente, o que o poeta propôs há quase 2 mil anos é exatamente aquilo que hoje, segundo a pesquisa do Gallup, desejamos intensamente.

BIOINTELIGÊNCIA, BIOINFORMAÇÃO E DESCANSO CONSCIENTE

Imagine que você esteja fazendo uma atividade bem corriqueira – por exemplo, cortando os legumes para a salada do jantar. A faca escorrega, e você corta o dedo. Um pequeno corte, que parece não ter importância nenhuma. É o que basta para que um verdadeiro exército entre em ação. A dor aciona um "alarme", que chama para a frente de batalha as células de defesa do seu organismo. O meio de transporte é a corrente sanguínea. Substâncias químicas são produzidas para que invasores como bactérias e toxinas não penetrem pela ferida aberta, e outras células entram no combate para atacar os que conseguiram entrar. Anticorpos são produzidos para reconhecer, marcar e neutralizar o inimigo, para que ele seja eliminado pelos macrófagos. Em questão de segundos, uma série de recursos do organismo está em plena efervescência, lutando para que você continue saudável. O corte, a dor, a ameaça, tudo isso é informação – ou bioinformação. A biointeligência, portanto, refere-se à maneira como o corpo produz e usa essa informação. Para o dr. Matthew Edlund, diretor do Centro de Medicina Circadiana em Sarasota, na Flórida, é também um novo meio de ver os exercícios físicos.

Antes de prosseguirmos, porém, cabe uma distinção importante. De acordo com a Organização Mundial da Saúde (OMS), atividade física é qualquer movimento corporal produzido pelos músculos esqueletais que requer algum gasto de energia. Isso inclui os movimentos que você faz enquanto trabalha, interage com a família, desfruta de seus momentos de lazer e realiza sua rotina diária. Todos nós praticamos algum tipo de atividade física. Contudo, isso pode não ser suficiente para produzir benefícios em termos de saúde e bem-estar. Já o exercício físico é uma subcategoria da atividade física e pode ser definido como uma atividade planejada, estruturada e repetitiva que visa melhorar ou manter um ou mais componentes da boa forma física. As atividades físicas diárias, como andar para o trabalho, são benéficas para a saúde, mas é a prática regular de exercícios físicos que causa melhorias verificáveis.

Depois de esclarecer que aquela história de "meu dia a dia é tão agitado que nem preciso de academia" não funciona bem assim, vamos falar dos exercícios físicos. O dr. Edlund explica que eles fornecem informações para o corpo todo. O cérebro, por exemplo, aprende e armazena novas informações, criando conexões e células de memórias, por meio de processos chamados neurogênese e neuroplasticidade – o que ocorre até mesmo quando a pessoa que se exercitou está aproveitando uma merecida noite de sono. O fígado, por sua vez, é estimulado pelos exercícios físicos a metabolizar proteínas. E o coração se torna mais eficiente, pois, ao estimular a boa circulação sanguínea, os exercícios também contribuem para "limpar" as artérias, ajudando a prevenir a formação ou o aumento de placas de gordura.

A OMS recomenda que adultos entre 18 e 64 anos realizem no mínimo 150 minutos de exercícios físicos de intensidade moderada durante a semana, ou pelo menos 75 minutos de exercícios mais intensos durante o mesmo período. Será que fazemos isso em nossa rotina diária? Segundo a própria OMS, uma entre quatro pessoas no mundo não é suficientemente ativa. Em que grupo você está? Se estiver no grupo dos que precisam ser mais ativos, há mais exemplos de biointeligência e bioinformação que podem ajudá-lo a se motivar. Se você está na categoria dos ativos, os exemplos vão aumentar ainda mais a sua determinação de se manter saudável. Depois de analisar diversos estudos, Kelli Allen, da Universidade da Carolina do Norte, Chapel Hill, e Miriam Morey, da Universidade Duke, concluíram que a aderência a longo prazo aos exercícios físicos é essencial para a saúde. Um dos estudos analisados mostrou que adultos que participaram de programas de atividades físicas com foco em exercícios por mais de dez anos tiveram uma longevidade superior à daqueles que desistiram antes. Além disso, pessoas que conseguem ter regularidade nos exercícios físicos também apresentam melhor forma física e qualidade de vida. Os resultados da prática frequente podem ser traduzidos em vários benefícios de saúde verificáveis, que compreendem ganhos fisiológicos e psicológicos. Com boas evidências para apoiá-los, esses benefícios foram compilados por Nanette Mutrie, da Universidade de Edimburgo, e Guy Faulkner, da Universidade da Colúmbia Britânica, em uma lista que vai desde o alívio da depressão e da ansiedade até a redução do risco de morte prematura. No entanto, uma linha diferente de pesquisa esclareceu um aspecto intrigante dos ganhos advindos de movimentos corporais regulares e coordenados. Esse aspecto refere-se às maneiras pelas quais as atividades físicas aprimoram as funções cerebrais, em especial os processos cognitivos mediados pelo lobo frontal, como planejamento, programação, inibição e memória de trabalho.

Do ponto de vista evolucionário, a necessidade de movimento provavelmente está programada nos genes como um mecanismo de sobrevivência para que nossos ancestrais caçadores-coletores competissem por alimentos. No entanto, se nosso genoma permaneceu relativamente inalterado nos últimos 10 mil anos, isso não se aplica ao estilo de vida. Hoje em dia, não precisamos mais caçar para sobreviver, e a comida é, de modo geral, abundante e facilmente disponível. A dificuldade que nossos ancestrais passaram apenas para sobreviver deu lugar às horas intermináveis que passamos na frente da tela do computador, do celular ou da televisão. Para piorar, muitas vezes, quando fazemos isso, achamos que estamos descansando. Será que estamos? Chegou o momento de falarmos do outro lado da moeda: o descanso. Para Edlund, sentar-se em frente à TV é um descanso passivo – algo que, de acordo com algumas pesquisas, pode até provocar uma leve depressão. Um bom descanso passivo seria, então, ter uma boa noite de sono. O descanso consciente é ativo e possui um objetivo definido: regenerar o corpo e a mente o quanto for necessário. Envolve as dimensões física, mental, social e espiritual e, sobretudo, gera prazer e alegria que se estendem até mesmo depois de acordar e retomar a rotina diária. Praticar alguma forma de relaxamento é um exemplo de descanso físico consciente. Aprender algo novo que seja interessante para você é um exemplo de descanso físico e mental. O descanso mental também inclui sossegar a mente e colocar atenção plena no momento presente, o que é a definição da meditação de mesmo nome, também conhecida como *mindfulness*. Descansar socialmente é dar uma pausa no excesso de atividades sociais, desconectar-se um pouco do mundo virtual e evitar pessoas tóxicas, que, além de não acrescentarem nada bom, ainda sugam a sua energia. E o descanso espiritual inclui dedicar um tempo a uma conexão mais profunda e pessoal com suas crenças religiosas ou espirituais, ou à contemplação e à apreciação da beleza, caso você não seja religioso – enfim, dedicar-se um pouco àquilo que faz bem à alma. E, assim, intercalando movimento e descanso, você começa a retomar o controle de sua nave-mãe.

O SEGUNDO PASSO DO SABÁTICO

O foco do segundo passo do sabático está em assumir o controle de sua nave-mãe. Essa não é uma tarefa das mais fáceis, pois envolve mudança de hábitos e de comportamentos. Mas é das mais necessárias, pois nela está a diferença entre controlar ou ser controlado, entre ser o piloto que conduz sua vida para a direção que quiser ou ser mero passageiro ao sabor das circunstâncias, muitas vezes rumo a um destino indesejável. Há, no entanto, algo que pode ajudá-lo. Os pesquisadores Richard Ryan e Edward Deci, da Universidade de Rochester, desenvolveram o conceito das três necessidades básicas, que são os elementos básicos do florescimento humano e da saúde psicológica. São, também, os pilares da autodeterminação, que é o ato de escolher e decidir por si e de iniciar ações por vontade própria.

A primeira necessidade é a autonomia, que é estar no controle da própria vida, sentir que tem escolha e agir em harmonia com seu eu interior. A segunda é a competência, ou a capacidade de lidar de modo eficaz com o meio que o cerca. E a terceira refere-se aos relacionamentos, o desejo de interagir, de conectar-se com as pessoas e de fazer algo em benefício dos outros. Praticar exercícios físicos regulares, adotar uma alimentação mais saudável e livrar-se de hábitos nocivos – os passos cruciais para assumir o controle de sua nave-mãe – serão mais estimulados se encontrar neles meios de satisfazer suas necessidades básicas. Você satisfaz a necessidade de autonomia quando aumenta seu poder de escolha. Por exemplo, decidindo o que vai fazer, como e quando. Para atender à necessidade de relacionamentos, procure pessoas que possam apoiá-lo ou até mesmo acompanhar você nas mudanças necessárias para uma vida mais saudável, como ir à academia ou adquirir novos hábitos alimentares. E a necessidade de competência pode ser atendida realizando sua prática dentro de um programa estruturado, com objetivos definidos. Por exemplo, se você gosta de nadar, estabeleça de antemão dias e horários fixos, bem como metas de desempenho. Mas lembre-se de que os desafios aos quais você se propõe devem ser estimulantes, porém realistas. Ninguém se torna um campeão de natação do dia para a noite, mas você pode melhorar continuamente.

1. CONECTAR

Conecte-se com a sua nave-mãe. Mas não faça isso em um tom crítico, buscando defeitos e falhas, concentrando-se no que você não gosta, no que lhe causa vergonha ou constrangimento. Entenda que há coisas que você pode mudar em seu corpo e outras que não pode. Aceite-se. Acolha carinhosamente o corpo que o contém e torna possível sua presença no mundo. Foi nesse corpo que você conquistou tudo o que já alcançou até agora, e é com ele que vai partir para novas conquistas. Sinta amorosamente cada parte de seu corpo, dos dedos dos pés ao topo da cabeça. E agradeça, do fundo do coração. Fique um pouco com essas sensações e anote ideias e *insights* no diário do sabático.

2. REGENERAR

Você tem descansado conscientemente? Aproveite para fazer isso agora. Respire profundamente e esvazie a mente de pensamentos. Não lute contra eles, mas também não se apegue. Deixe os pensamentos irem e virem, sem se deter em nenhum deles. Apenas concentre-se na respiração. Conte um para uma longa inspiração, e dois para uma longa expiração. Sinta-se relaxado e, ao mesmo tempo, alerta. Se perceber que está se detendo em algum pensamento ou lutando contra ele, volte a se concentrar na respiração. Decida de antemão por quantos minutos vai meditar e cumpra aquilo que combinou consigo mesmo. Por alguns instantes, deixe as atividades de lado. Conceda-se o direito de descansar consciente e ativamente. Quando terminar, observe como está se sentindo e anote no diário do sabático tudo o que achar necessário registrar.

3. PROJETAR

Imagine, agora, que hoje você vai ter um dia ideal. E, nesse dia ideal, você não está em guerra com a sua nave-mãe, nem tampouco está indiferente, como se ela nem sequer existisse. Hoje, você está em plena harmonia com ela. Está totalmente consciente do que ela lhe diz, dos hábitos que vai apontar como necessários para mudar ou adquirir a fim de cuidar melhor do seu corpo.

Trace um plano de ação. O que você vai fazer? Quando? Quantas vezes? Certifique-se de que seu objetivo seja viável e realista. E, para marcar sua decisão, escolha um pequeno passo para realizar hoje mesmo – nem tão pequeno a ponto de ser insignificante, nem tão grande a ponto de roubar toda a sua motivação. Escolha-o e faça. Anote suas ideias e escreva uma frase que sirva de estímulo e encorajamento para colocar seu plano em ação.

DICA: PESO E SAÚDE

Talvez o seu plano para assumir o controle de sua nave-mãe envolva perder peso. Se esse for o caso, a primeira coisa a fazer é certificar-se de que isso é realmente necessário. Tentar possuir um corpo irreal, do tipo que você vê na TV, nas mídias sociais e nas revistas, é ilusório e perigoso. A beleza não é um padrão a ser seguido, é algo que você mesmo cria. Contudo, se a sua saúde estiver em risco, é preciso ficar alerta. O excesso de peso contribui para reduzir a expectativa de vida. De acordo com médicos e especialistas, o aumento da obesidade em escala global ameaça reverter os ganhos conquistados na longevidade nos últimos anos. Pessoas com sobrepeso ou obesas têm mais chances de desenvolver hipertensão, doenças cardíacas, diabetes, artrite, infertilidade e até alguns tipos de câncer. Pesquisa da Universidade de Oxford, na Inglaterra, mostrou uma forte correlação entre o excesso de peso e a redução do bem-estar físico. Outro estudo, feito pela Universidade de Gotemburgo, na Suécia, comparou pessoas com sobrepeso e obesidade a indivíduos com peso adequado segundo o IMC, o Índice de Massa Corporal adotado pelos médicos. O estudo de Gotemburgo concluiu que os obesos apresentavam estado de saúde fragilizado e diminuição do bom humor. Esses resultados sugerem que a obesidade é um fator debilitante para a saúde e para o funcionamento psicossocial. No nível psicológico, a alteração da imagem corporal provocada pelo aumento de peso – somada a fatores externos, como o preconceito contra aqueles que não seguem a ilusão do corpo ideal – pode provocar desvalorização da autoimagem e do autoconceito, o que reduz a autoestima. A autodesvalorização pode acionar sintomas de depressão e ansiedade, diminuição do bem-estar emocional, aumento da sensação de inadequação social e degradação da performance relacional – isto é, da habilidade de relacionar-se. Sendo assim, se você precisa adotar hábitos alimentares mais saudáveis e quer atingir um peso que o faça sentir-se mais confortável ou em boa forma, o primeiro passo é ter certeza de que o processo de emagrecimento seja seguro e bem planejado. Acima de tudo, ele deve estar ligado aos seus valores – você está fazendo isso por você mesmo e por sua nave-mãe, e não para agradar aos outros. Outro ponto importante é o controle emocional. Muitas vezes, comemos demais como forma de lidar com a ansiedade. Como você pretende evitar um "ataque" à geladeira na hora em que a ansiedade bater? Uma alternativa pode ser a prática de exercícios físicos – desde que a frequência seja equilibrada. Também é necessário que você aumente sua autoeficácia – a crença de que você é capaz de atingir objetivos –, principalmente se você possui um histórico de começar e abandonar dietas rapidamente. Nesse caso, é aconselhável procurar acompanhamento médico para a indicação de um programa alimentar adequado que você possa seguir sem causar maiores danos à saúde. Eu encontrei o meu quando participei do encontro dos pós-graduados em Psicologia Positiva Aplicada que aconteceu em 2019 na Universidade da Pensilvânia.

Ao rever uma colega que eu não encontrava havia algum tempo, fiquei surpresa com sua aparência – ela parecia mais revigorada e muito bem-disposta. Foi essa colega que me falou da dieta criada e clinicamente testada pelo dr. Valter Longo, da Universidade do Sul da Califórnia. Desenvolvida com base nos estudos sobre aumento da longevidade do dr. Longo, a dieta "imita" os efeitos do jejum, isto é, faz o organismo reagir como se estivesse jejuando, quando, na verdade, continua recebendo nutrientes. Funcionou para mim, mas é sempre bom frisar: nenhuma fórmula é universal. Descubra o que é melhor para você.

PASSO 3

FORÇAS: DESCUBRA DO QUE VOCÊ É FEITO

MAIS FORTES DO QUE PENSAMOS

Você certamente possui uma paixão, algo que adora fazer. Talvez seja um interesse mantido desde a infância. Talvez seja algo que descobriu em algum ponto de sua jornada pela vida. Cada vez que você faz algo relacionado à sua paixão, sente-se vivo, pleno e cheio de energia. E cada vez que você se sente assim, está usando suas forças. Todos nós possuímos forças que revelam nosso caráter e nossos talentos. Elas expressam o que temos de melhor e, também, as virtudes que nos orientam como faróis em mares revoltos. Ao usá-las, temos acesso a uma fonte inesgotável de felicidade e de realização. Recuperamos o prazer de viver e sentimos uma poderosa conexão com nosso propósito. As forças nos mostram que a vida tem um sentido, construído dia a dia, minuto a minuto, cada vez que as empregamos. E o que é mais importante: nossas forças constituem um reserva que nunca se esgota. Competências podem se tornar obsoletas, talentos podem desvanecer, esforços podem ser perdidos... as forças, porém, são duradouras. Quanto mais as usarmos, plenamente e de modo equilibrado, maior a certeza de que estarão sempre disponíveis para o que der e vier: na dor e no prazer, na lágrima e no sorriso, no desafio e na conquista. Delas, vem a sensação inigualável de que não apenas vencemos, mas vencemos do nosso jeito, à nossa maneira, sendo a melhor pessoa que podemos ser. É por isso que recorremos a elas em nosso terceiro passo do sabático: para descobrir do que somos feitos.

Foi assim que aconteceu comigo. No período que antecedeu meu sabático na França, num momento em que tirar um tempo só para mim era apenas um sonho distante, foi minha força principal – a perspectiva – que me ajudou a colocar as coisas novamente nos eixos. Já havia algum tempo que o desejo estava lá, em algum canto do meu cérebro. Às vezes ele aparecia com força, às vezes ficava semiadormecido, à espera de uma oportunidade para ressurgir. Quando fiz 40 anos, pensei: "Quando fizer 50, eu tiro o meu sabático". Mas passar um ano desligada do trabalho – e de meus múltiplos papéis como *trainer*, palestrante, empresária, empreendedora, CEO, estrategista, diretora educacional e, sobretudo, responsável por diversas funções executivas – parecia cada vez mais uma impossibilidade. Aos poucos, porém, o estresse foi se acumulando. Além de conduzir um negócio em um país em recessão, passei por sérias questões pessoais, como a perda de um ente querido. Outro choque veio no fim de 2018, quando, ao ver os resultados dos meus exames, meu médico me perguntou como andava minha performance pessoal e profissional. Respondi que meu desempenho era o de costume, sempre dando o máximo para me sair bem em meus diferentes papéis. O médico estranhou e disse que não sabia como minha performance não havia caído. Eu estava à beira de um *burnout*.

O *burnout* é um colapso físico e mental causado pelo estresse excessivo. O termo vem do inglês *burn*, "queimar", e *out*, "por inteiro". É assim que ele nos deixa: "totalmente queimados", exaustos e esgotados. Trata-se de um mal do mundo contemporâneo – pesquisas apontam que 40% dos profissionais possuem um nível de estresse perigosamente alto, o que é a principal rota para o *burnout*. De acordo com o meu médico, a ameaça era sinalizada pelos níveis dos indicadores hormonais, os elementos químicos necessários para metabolizar energia. Eu ainda estava perplexa com essa notícia – como pude deixar as coisas chegarem a esse ponto? – quando, sem nenhum aviso, a insônia resolveu me visitar. Como se isso não fosse suficiente, outro problema veio à tona, e na pior hora possível, no momento em que eu me preparava para dar um treinamento para quinhentas pessoas. Na véspera desse evento, eu tinha ficado acordada até as três da manhã, fazendo ajustes na apresentação. E depois disso não consegui mais dormir. O caos começou quando tentei me levantar para o treinamento. Me senti tão mal que caí e não consegui me erguer sem ajuda. Meu parceiro e minhas assistentes queriam que eu fosse imediatamente para o hospital. Mas não conseguia aceitar a ideia de decepcionar a plateia que me esperava. Em minha cabeça, esse não era o tipo de coisa que acontecia comigo. Só que aconteceu. Após alguma discussão e muitas tentativas de me dissuadir, ficou combinado que meu sócio começaria a dar o treinamento e eu entraria mais tarde – assim teria um tempo para tentar me recompor. Pouco depois, me sentindo melhor, mas ainda um tanto fragilizada, subi ao palco. A reação do público me pegou de surpresa. As pessoas me aplaudiam freneticamente enquanto cantavam o meu nome. A emoção da plateia chegava até mim como uma grande onda de afeto. Foi um momento de transbordante emoção. Foi, também, um dos melhores treinamentos que já dei na vida.

Porém, após essa experiência assustadora, era evidente que algo precisava ser feito – e com urgência. Foi então que minhas forças vieram em meu socorro. A primeira a entrar em cena foi o critério, que estimula a tendência à reflexão e à ponderação e a flexibilidade para rever conclusões diante dos fatos. O critério me mostrou que, se aquela rígida crença de que "não era hora para me ausentar da empresa, o que vai acontecer com todos os que precisam de mim?" não se tornasse um pouco mais maleável, minha saúde poderia se deteriorar a ponto de me colocar numa situação ainda mais complicada. A próxima força a aparecer foi a criatividade, que despertou o prazer de explorar e o fascínio pela descoberta. A força da criatividade me levou não apenas ao meu sabático na Provença, como também à ideia de espalhar a boa nova e transformar o sabático em um programa que muitas outras pessoas pudessem seguir. Faltava ainda definir o roteiro da viagem e, sobretudo, como organizar tudo para que a empresa prosseguisse normalmente com suas atividades e desafios durante minha ausência. Para essa operação de guerra, a força convocada foi a perspectiva, que envolve a visão estratégica e a capacidade de conectar informações para enxergar o todo.

Eu poderia citar várias outras forças que entraram nesse "combo" do sabático, mas acho que, por ora, já deu para perceber que identificar e usar suas forças estão entre as coisas mais importantes que você pode fazer por si. É isso que torna o terceiro passo do sabático tão especial. Embarcar em uma jornada para descobrir suas forças é, também, uma viagem fascinante para o âmago daquilo que você tem de melhor. E essa jornada começa com uma volta às origens, ao exato ponto onde tudo começou.

INDIANA JONES E A CRUZADA DA FELICIDADE

Uma questão incomodava Martin Seligman, psicólogo e professor da Universidade da Pensilvânia que havia se destacado por seus estudos sobre as raízes do otimismo e do pessimismo. Ele achava que a psicologia tinha como alvo apenas aquilo que nos faz funcionar mal – doenças mentais, distúrbios e psicopatias. A contrapartida, isto é, aquilo que nos faz funcionar bem, estava sendo ignorada. Desde seu lançamento, em 1952, o *Manual diagnóstico e estatístico de transtornos mentais* tem sido um guia para ajudar profissionais de saúde do mundo todo a entender o que há de errado com as pessoas. Lá encontramos, por exemplo, verbetes como ansiedade, depressão, distúrbio bipolar e transtorno de personalidade narcisista – entre vários outros. No entanto, algumas questões cruciais permaneciam sem resposta. Se, segundo o manual, um distúrbio mental é uma síndrome caracterizada por uma perturbação significativa na cognição, emoção e comportamento, quais seriam as características da saúde mental plena? A resposta tradicional – a mera ausência de doenças ou distúrbios – não era mais suficiente. Corey Keyes, sociólogo e psicólogo da Universidade de Emory, já havia iniciado os estudos que iriam definir a saúde mental como uma "síndrome de sintomas" caracterizados por sentimentos positivos e funcionamento positivo, um conjunto ao qual ele daria o nome de "florescimento humano". O oposto disso seria o "definhamento", um estado no qual, embora os distúrbios mentais não estejam presentes, a pessoa também não está florescendo – está apenas flutuando pela vida em vez de vivê-la plenamente, imersa em uma rotina sem rumo, sem gosto e sem sabor e vivendo muito aquém de seu potencial. É claro que de um estado como esse advém uma série de consequências negativas para nossos níveis de felicidade, bem-estar, satisfação com a vida, performance, realizações e até mesmo para a própria saúde física e mental. Tudo isso se torna ainda mais alarmante se considerarmos que, de acordo com uma pesquisa conduzida por Keyes nos Estados Unidos, somente 17,2% da população está florescendo, enquanto 68,7% possui uma saúde mental moderada ou está apenas definhando. Entretanto, um trabalho de David Myers, psicólogo, professor do Hope College, mostrou que, no limiar do século XXI, para cada estudo publicado sobre experiências emocionais positivas, como a felicidade, por exemplo, eram divulgados outros 21 sobre experiências negativas. Parecia evidente que entender a felicidade era algo fundamental se quiséssemos contar com mais recursos para passar do definhamento para o florescimento. O caminho, porém, ainda não estava claro.

Isso começou a mudar quando, em 1998, Seligman foi eleito – e depois reeleito – presidente da Associação Americana de Psicologia. Sua primeira iniciativa foi lançar um chamado para que pesquisadores e cientistas se debruçassem sobre perguntas como: o que faz as pessoas serem mais felizes? O que as leva a ter uma vida mais plena e significativa? Esse foi o ponto de partida para o surgimento de uma nova área de conhecimento, a psicologia positiva, que passou a ser designada como a ciência da felicidade e do bem-estar. Um dos primeiros a atender ao chamado de Seligman foi o psicólogo e filantropo Neal Mayerson, que estava intrigado com um dos pilares que acabara de ser definido para essa nova ciência: as características positivas. Do encontro de Mayerson e Seligman nasceu uma iniciativa de fôlego, que iria mudar o modo como entendemos a felicidade. Eles decidiram promover um amplo e extenso estudo sobre as características positivas – então batizadas de forças de caráter. Foram recrutados 55 pesquisadores de ponta de diferentes áreas do conhecimento, sob a liderança de Christopher Peterson, da Universidade de Michigan, que foram a campo para realizar uma missão das mais desafiadoras. Como Indiana Jones da vida real, percorreram o mundo para descobrir quais são as características ou qualidades que, em diferentes épocas e culturas ao redor do globo, são reverenciadas como o melhor dos seres humanos.

O pensamento de filósofos da Grécia antiga, como Platão e Aristóteles, foi revisitado, bem como o de outros pensadores que, ao longo dos séculos, se debruçaram sobre a questão em pauta. Instituições como a dos escoteiros e diferentes religiões foram esquadrinhadas. Filósofos e psicólogos de diferentes matizes, tendências e épocas tiveram suas obras reviradas pelo avesso. A cultura popular entrou na roda: obras de ficção como *Jornada nas estrelas* e *Guerra nas estrelas* foram estudadas como representações de um imaginário essencialmente humano de codificação e decodificação da conduta ética, afinal, as emblemáticas saudações "Vida longa e próspera" e "Que a Força esteja com você" não foram frutos do acaso, mas de valores entranhados em nossa concepção de mundo desde tempos imemoriais. Até mensagens gravadas em cartões de felicitação e lápides em cemitérios passaram pelo escrutínio dos pesquisadores.

Como desdobramento das pesquisas originais, o esforço investigativo levou os psicólogos Ed Diener e seu filho Robert Biswas-Diener – que se tornariam dois grandes expoentes da psicologia positiva – a empreender uma viagem na qual a diversidade humana foi se sobrepondo como uma enorme colagem a revelar aquilo que nos une. Na Groenlândia, eles entrevistaram os *inughuit*, um grupo isolado que vive à base de caça e pesca. No Quênia, a conversa foi com os *massai*, uma tribo de pastores nômades que vive à margem dos confortos e da tecnologia moderna. E nos Estados Unidos, no coração da civilização industrial, fizeram parte da pesquisa mais de quinhentos estudantes da Universidade de Illinois. As entrevistas foram conduzidas com base em critérios que os pesquisadores desenvolveram com o objetivo de encontrar as "forças universais", isto é, aquelas que todos nós compartilhamos e caracterizam a condição humana. De acordo com esses critérios, algo só é considerado uma força de caráter se estiver inserido em paradigmas consensuais, ou seja, se for moralmente valorizado pela sociedade, inclusive por meio de instituições e práticas culturalmente estabelecidas que promovam e cultivem essa força. É algo que os idosos ensinam e queremos que as crianças tenham. É o que nos faz admirar os heróis e preservar lendas, sagas, epopeias e narrativas mitológicas. Além disso, uma força de caráter deve ter valor por si própria. Ela contribui para a realização, mas continua sendo apreciada quando não há nenhum ganho material envolvido, ou até mesmo quando seu uso pode implicar perdas – imagine, por exemplo, uma pessoa justa sendo perseguida porque se opôs à injustiça. Outro critério: o uso equilibrado de uma força jamais diminui quem a emprega nem as pessoas ao seu redor. Ao contrário: nos sentimos motivados, inspirados e energizados quando vemos alguém usando suas forças ou quando usamos as nossas. E, é claro, as forças só são reais quando se manifestam em comportamentos e atitudes. É por essa razão que elas podem ser medidas, ou seja, é possível aferir até que ponto as usamos.

Todo esse gigantesco esforço mostrou que, sim, existe um conjunto de forças de caráter que preenche todos esses critérios e permeia diferentes culturas, países e sistemas de crença. As características positivas que Seligman propôs como pilares para a psicologia positiva emergiram como forças de caráter perenes e universais e, de certa forma, definidoras do que é ser humano. Foi assim que nasceu o tão desejado contraponto para o *Manual diagnóstico e estatístico de transtornos mentais.* Publicado por Peterson e Seligman em 2004, *Character Strenghts and Virtues: a Handbook and Classification* [Manual de classificação das forças de caráter e virtudes, sem edição em português] trazia, pela primeira vez, uma "linguagem comum" capaz de unificar estudos, pesquisas, discussões e intervenções que convergem para o aumento da felicidade e do bem-estar, para a realização e para a vida plena. No livro, Peterson e Seligman destilam a essência de tudo o que os nossos Indiana Jones da ciência descobriram quando aceitaram a missão de percorrer o mundo e viajar no tempo para descobrir do que somos feitos, quais são as forças que nos constituem. É essa descoberta que eu vou partilhar com você agora.

FORÇAS E VIRTUDES: UM RAIO X DA SUA IDENTIDADE

Agora é hora de falar da lavanda, que se tornou o ponto de partida do meu sabático. Uma crise de insônia me levou à recomendação de aspergir um pouquinho de essência de lavanda para estimular o sono. A essência me levou a uma pesquisa informal sobre os célebres campos de lavanda da Provença francesa – e foi assim que, maravilhada com as fotos e vídeos que vi, acabei escolhendo a Provença para dar início ao meu sabático. A essência de lavanda proporciona uma boa analogia para todo esse processo de descoberta das forças. A produção de um pequeno frasco com 30 ml de óleo de lavanda – como o que usei para me ajudar nas noites insones – requer 3 kg de flores.

De forma semelhante, os anos de estudos e pesquisas para encontrar as características positivas universais do ser humano foram destilados até que se chegasse à essência. Isto é, um reduzido grupo de 24 forças de caráter, distribuídas por uma pequena constelação de seis virtudes. Virtude refere-se à excelência moral. A etimologia latina da palavra remete àquilo que o ser humano tem de melhor, às qualidades mais distintivas e valorizadas. Para Platão, virtudes são um conjunto de características que contribuem para que o indivíduo tenha uma vida boa. Na visão de Aristóteles, elas são aquilo que completa de forma excelente a natureza de um ser. As forças de caráter, por sua vez, foram definidas por Peterson e Seligman como os mecanismos ou rotas por meio dos quais as virtudes se manifestam. Sem as forças para manifestá-las concretamente no dia a dia, as virtudes ficariam restritas a um ideal abstrato – algo que achamos bom ou até mesmo excelente, mas que simplesmente não sabemos como materializar no cotidiano.

Para descobrir quais são suas forças, faça o teste gratuito no site do VIA Institute on Character.* O VIA Institute foi criado por Neal Mayerson, psicólogo que começou a investigar as forças de caráter com Martin Seligman. Lá, você encontra um teste on-line que já foi feito por mais de 8 milhões de pessoas em todo o mundo. Ao fazê-lo, você recebe uma lista das 24 forças organizadas de acordo com a frequência de uso. O conjunto das cinco usadas de maneira mais recorrente – as cinco primeiras a aparecer no resultado do teste – é chamado de forças de assinatura. Elas são as qualidades que descrevem a identidade de cada um. Embora essas cinco sejam as que se aplicam com maior constância, todas são importantes. Afinal, há momentos em que o uso de cada uma delas se torna

* Site em inglês, com opção de tradução para o português. Disponível em: <https://www.viacharacter.org/survey/account/register>. Acesso em: dez. 2019.

imprescindível para que se possa lidar com as diferentes situações que a vida traz.

As centenas de pesquisas que foram – e continuam – sendo feitas sobre forças mostram que usá-las realmente vale a pena. Quem as emprega diariamente, e de modos diferentes, apresenta níveis mais altos de felicidade, satisfação com a vida e bem-estar, além de níveis mais baixos de ansiedade e depressão. A autoestima, a vitalidade e a energia também aumentam, motivo pelo qual elas são essenciais para lidar com o desânimo e o desespero e tirar o máximo proveito do sabático. Ao usar plenamente suas forças, você não apenas aumenta as chances de atingir seus objetivos, como também se sente mais feliz e realizado com os resultados. Para completar, adquire maior eficácia e motivação para se engajar na vida, no trabalho e no próprio processo de desenvolvimento. Para chegar a esse ponto, porém, é preciso primeiro entender o que são forças e virtudes e começar a explorá-las. É isso que convido você a fazer agora.

→ A VIRTUDE DA SABEDORIA

O que você pensa quando diz que alguém é sábio? Em geral, imaginamos alguém que não se deixa levar pelas aparências, cujo humor não oscila ao sabor dos pequenos reveses cotidianos. Alguém que acumulou conhecimento e o usa de maneira generosa, que sempre tem a palavra certa quando precisamos e parece ter o dom de tomar decisões corretas. Bem, foi mais ou menos a essa conclusão que os pesquisadores chegaram. Há duas definições principais de sabedoria. Paul Baltes, do Instituto Max Planck para o Desenvolvimento Humano, diz que ser sábio é saber conduzir a vida e dar significado a ela. Para Robert Sternberg, da Universidade Yale, as pessoas são sábias à medida que usam sua inteligência para o bem comum e harmonizam seus interesses com o de outros indivíduos, grupos e comunidades.

Usar o conhecimento para o bem comum, dar significado à vida – pode-se dizer que essa é a essência da sabedoria, que se manifesta por meio de cinco forças: curiosidade, amor ao aprendizado, perspectiva, criatividade e critério. A curiosidade nos leva a buscar caminhos diferentes pelo prazer de descobrir e de explorar. O amor ao aprendizado nos impulsiona a adquirir e desenvolver habilidades e conhecimentos, e a construir continuamente nosso saber. A perspectiva dá sentido ao conhecimento que acumulamos, enquanto a criatividade estimula sua aplicação de uma maneira capaz de gerar melhorias e progressos. E tudo isso é filtrado pelo critério, que nos leva a refletir e a ponderar sobre o que achamos que queremos e o que de fato realizamos. É assim que essas cinco forças expressam a sabedoria.

→ A VIRTUDE DA HUMANIDADE

Pode parecer estranho considerar a humanidade uma virtude. No entanto, aquilo que define nossa espécie sob o ponto de vista biológico também nos define como seres sociais e autoconscientes. Enquanto virtude, a humanidade refere-se à empatia, à capacidade de nos enxergar nos outros e de enxergar os outros em nós mesmos. Ao fazer isso, pavimentamos o caminho para construir laços genuínos, baseados na cooperação e no apoio mútuo. Laços como esses estão ligados à nossa sobrevivência como espécie: se nossos antepassados da Pré-História não tivessem se organizado em grupos ou comunidades, provavelmente estaríamos fadados à extinção.

A humanidade nos leva a refletir sobre a importância dos relacionamentos em nossa vida e o modo como eles afetam e ajudam a construir nossa identidade. Como você seria hoje se não tivesse se relacionado com todas as pessoas com as quais se relacionou ao longo da vida? Os relacionamentos nos moldam de tal forma que nem sequer sabemos como responder a essa pergunta. Mas assim é: você não seria exatamente a mesma pessoa hoje se não tivesse convivido com todos aqueles que passaram por sua vida.

A virtude da humanidade se expressa por meio de três forças. As duas primeiras são a generosidade, que incentiva o apoio, a compaixão e a doação, e a inteligência social, que nos desvela a capacidade de lidar com nossas emoções e com as das outras pessoas. A terceira força é o amor, a força que nos une uns aos outros e com a qual construímos as pontes que nos conectam não só aos entes queridos, mas a todos os seres humanos. Os antigos gregos tinham nada menos do que sete palavras para descrever diferentes tipos de amor: o romântico, o fraterno, o erótico, o amor-próprio, o amor incondicional, o duradouro, o efêmero... Como força, o amor implica valorizar relacionamentos, comprometer-se, dedicar-se – mesmo quando não há nada a ganhar com isso. Quando se trata de amor, porém, muitas vezes dar é ganhar. Várias pesquisas apontam para esse fato singular da natureza humana: desfrutamos de uma felicidade mais intensa e duradoura quando damos algo a alguém do que quando ganhamos alguma coisa.

→ A VIRTUDE DA CORAGEM

Maya Angelou, a escritora e poeta americana, disse certa vez em uma aula na Universidade Cornell que a coragem era a mais importante das virtudes. Afinal, sem ela, nenhuma das outras virtudes poderia ser praticada de modo consistente. A sábia Maya não deixa de ter razão. Se considerarmos a coragem como a decisão consciente e deliberada de enfrentar riscos para atingir objetivos – e arcar com as consequências dessa decisão –, veremos que essa é a premissa básica para qualquer coisa significativa que queiramos fazer, inclusive o uso das forças de caráter e a observância das virtudes. Se você está disposto a sair do tédio e do desespero e iniciar o seu sabático, vai precisar de coragem para romper as amarras da inércia, dar adeus a velhos hábitos que, como sapatos apertados, não são mais úteis e não o deixam caminhar direito e encarar o desafio da mudança, do novo e do desconhecido. Essa perspectiva pode gerar ansiedade e até um certo temor. Sair da zona de conforto é, muitas vezes, uma espécie de renascimento, algo como deixar o casulo e descobrir que agora você tem asas e que o cuidadoso rastejar por superfícies sólidas e conhecidas deu lugar ao voo livre e à amplidão inexplorada. Mas a zona de conforto não é tão confortável quanto o nome sugere. Ela refere-se apenas a um nível de ansiedade que você está acostumado a tolerar. No momento em que você abraça um novo desafio, a ansiedade vai subir – mas seu limite para lidar com ela, o seu limiar, também vai aumentar.

A coragem não é a ausência do medo. É agir apesar dele. Gosto muito de uma definição do dr. Martin Seif, diretor associado do Centro de Tratamento de Ansiedade e Fobia do White Plains Hospital, que, com admirável precisão, resume a coragem como o desconforto a que nos dispomos para atingir um objetivo. Sendo assim, faz todo o sentido que a coragem se manifeste pelas forças da perseverança, da integridade, da bravura e da vitalidade. Estamos falando de persistir diante dos obstáculos, pagar o preço de ser coerente com seus valores, soprar as feridas e dar a volta por cima e viver com ímpeto e paixão – inclusive naqueles momentos em que você mesmo precisa fabricar sua motivação. O que poderia traduzir a coragem melhor do que isso?

→ A VIRTUDE DA JUSTIÇA

Isaac Prilleltensky nasceu na Argentina e viveu em Israel, no Canadá, na Austrália e nos Estados Unidos, onde se tornou o reitor de Educação e Desenvolvimento Humano da Universidade de Miami. Nossos caminhos se cruzaram quando tive a sorte de tê-lo como orientador no mestrado em Psicologia Positiva Aplicada na Universidade da Pensilvânia. Esse foi meu primeiro contato com uma nova área de pesquisa que ele estava desbravando. Prilleltensky estuda a relação entre justiça e bem-estar. Foi, também, um encontro extremamente iluminador. Naquela época, eu estava às voltas com problemas que até hoje me assombram e talvez possam ser resumidos em uma palavra: indignação. Escândalos de corrupção pipocavam a toda hora, políticos e autoridades apareciam na imprensa sendo conduzidos pela Polícia Federal, malas de dinheiro eram expostas diante das câmeras... E, enquanto isso, todos os indicadores do país estavam em queda livre – saúde, educação, produtividade, qualidade de vida e por aí afora. Da indignação nasceu um sonho, o de colocar a mão na massa e contribuir para a construção de um país melhor por meio da promoção do florescimento humano. Minhas armas seriam o *coaching*, que para mim sempre foi um processo transformador, a filantropia, para que o florescimento pudesse chegar ao maior número de pessoas, e a psicologia positiva – razão pela qual topei o desafio de me desdobrar para fazer o mestrado sem me desligar das atividades profissionais. O mestrado me deu a base de que eu precisava para criar o braço social de minha empresa, voltada para estimular brasileiros e brasileiras a florescer, inclusive – e principalmente – aqueles que não podem pagar por esse conhecimento.

Essa iniciativa encontra ressonância na observação de Prilleltensky de que não há bem-estar sem justiça. Para ele, alcançar o bem-estar requer a satisfação equilibrada de necessidades pessoais, relacionais e coletivas. A satisfação dessas necessidades, porém, depende do nível de justiça que as pessoas experimentam em cada uma dessas áreas. Imagine, por exemplo, que você encontrou o emprego dos sonhos. De repente, contudo, começa a se sentir injustiçado no trabalho. Por melhor que seja o seu emprego, se isso acontecer, seu nível de satisfação vai cair rapidamente – e com ele o bem-estar. Isso também ocorre em qualquer outra área da vida. Afinal, a justiça é o princípio regulador das relações sociais baseadas no respeito e na dignidade. Quando somos tratados com respeito e dignidade – ou seja, de forma justa –, sentimos que temos valor. A percepção do próprio valor, ou do autovalor, é a base da autoestima, que constitui um importante indicador da boa saúde mental e psicológica, essencial para que possamos trabalhar bem, nos relacionar bem e, consequentemente, viver bem. A justiça se manifesta quando tratamos as pessoas de forma correta e igualitária, o que recebe o nome de equidade – uma das forças dessa virtude. Relações calcadas no respeito mútuo em prol de um objetivo comum estão no cerne da liderança e do trabalho em equipe, as outras duas forças que expressam a justiça.

→ A VIRTUDE DA TRANSCENDÊNCIA

Pode acontecer a qualquer momento. Você está preso no trânsito, e, de repente, o olhar sorridente de um motorista que, apesar de estar igualmente preso no trânsito, recusa-se a sucumbir à frustração, faz você esquecer o calor, a irritação, o atraso... Em um instante de pura conexão, você se sente profundamente ligado a algo maior. A súbita percepção da leveza de espírito daquele motorista enche você de esperança. A rotina caótica, as pressões e depressões cotidianas ficam para trás. Naquela hora, você se elevou. O sentimento de elevação pode vir de outras formas – muitas vezes, quando você menos espera. Às vezes, surge em um comentário engraçado que torna nosso fardo mais leve e faz com que a tensão se dissolva em risadas. Outras vezes, é a emoção de sentir-se grato por estar presente aqui e agora, por experimentar a intensidade da fé ou por comover-se com a beleza – de uma música, de uma obra de arte, da natureza ou de qualquer outra forma que ela assuma. Falei de esperança, humor, gratidão, espiritualidade e apreciação da beleza e da excelência, as cinco forças da virtude da transcendência.

Transcender significa ascender, elevar-se, conectar-se a algo que está acima e além de nossas limitações. Abraham Maslow, o psicólogo que categorizou os anseios humanos mais profundos na chamada pirâmide das necessidades, considerava a transcendência o nível mais elevado da consciência humana. De acordo com seu estudo, ela nos proporciona experiências de pico, isto é, momentos nos quais ultrapassamos as preocupações e interesses pessoais e vemos as coisas sob uma perspectiva mais elevada. Quando isso ocorre, somos inundados por emoções positivas, em especial a serenidade e a alegria, e a consciência se refina. Ao transcendermos com certa frequência, as experiências de pico se acumulam e atingimos as "experiências de platô", um estado no qual a serenidade e a perspectiva elevada se tornam mais constantes. A transcendência amplia nossos limites internos, ou seja, a autoconsciência, e os externos – a consciência que temos dos outros e do mundo ao redor. Amplia, também, os limites temporais, integrando ao tempo presente um entendimento mais claro do passado e uma visão mais poderosa do futuro que queremos ter.

→ A VIRTUDE DA TEMPERANÇA

As virtudes se entrelaçam em um círculo virtuoso. A sabedoria nos estimula a buscar o conhecimento e a usá-lo para tornar a vida melhor. A humanidade nos aproxima das pessoas e do que é existir como ser humano neste planeta que habitamos. Da coragem, vem a determinação para que possamos viver as virtudes no dia a dia. A justiça harmoniza e consolida nossas ações e relações virtuosas, enquanto a transcendência eleva e potencializa a soma de todas essas experiências. No entanto, para que as virtudes se tornem reais em vez de apenas ideais, é necessário que as forças que as manifestam sejam usadas com equilíbrio. Se uma força é subutilizada ou usada em excesso, ela passa a representar um desequilíbrio, e não mais uma virtude. E isso é mais frequente do que podemos imaginar, sobretudo quando estamos sob pressão. Pense em uma pessoa que tem a liderança entre suas forças de assinatura. Quando está tenso ou estressado, esse líder começa a adotar atitudes autoritárias, o que sinaliza o excesso dessa força. Ou, então, faz o oposto: foge à responsabilidade e adota uma atitude de "não estou nem aí", o que indica a ausência dessa força. Em nenhum desses casos a liderança expressa a virtude que ela representa, a justiça, pois tanto o autoritarismo quanto a fuga da responsabilidade são comportamentos que fomentam seu oposto, a injustiça. É aí que entra a virtude da temperança, ou seja, a moderação. É a média de ouro da qual falava Aristóteles, ou o caminho do meio proposto pelos budistas. Trata-se de evitar o excesso e a falta e buscar o ponto de equilíbrio entre dois extremos. Esses extremos são a autoindulgência e a insensibilidade. Autoindulgência significa ser demasiadamente tolerante com os próprios caprichos e exceder os limites impostos pela razão. Insensibilidade diz respeito à falta de resposta emocional, à frieza, ao distanciamento. O que a temperança nos mostra é que o equilíbrio está no meio – não se entregar aos excessos, nem tampouco se privar dos prazeres saudáveis. Tudo isso é possível quando exercitamos equilibradamente as forças da liderança: a humildade, o autocontrole, a prudência e o perdão.

O TERCEIRO PASSO DO SABÁTICO

Neste terceiro passo do sabático, o foco está em uma profunda jornada exploratória para que você possa conhecer suas forças de caráter e descobrir do que é feito. Isso requer desenvolver uma mentalidade voltada para as forças, e envolve duas etapas essenciais. A primeira é ter consciência de suas forças, identificar-se com elas e descobrir de que maneira você as está usando: em equilíbrio ou em excesso, em todas as áreas da vida ou apenas em algumas, sob diferentes condições ou sempre nas mesmas. A segunda etapa é a proatividade, o que significa buscar ativamente oportunidades para usar suas forças de modo equilibrado, tanto nas horas felizes quanto naquelas não tão felizes assim, no prazer e na dor, sozinho e com outras pessoas, em situações que você domina e nas quais se sente perdido ou vulnerável. As atividades propostas a seguir vão ajudá-lo a fazer exatamente isso.

1. CONECTAR

Conecte-se com suas forças. Comece com as de assinatura. Se você fez o teste das forças no site do VIA Institute (ver p. 85), leia o resultado e pense em quanto você se identifica com ele. Suas forças descrevem você? Como você as usa no trabalho, nos relacionamentos e na vida pessoal? Como você se sente quando as aplica? Quais emoções você experimenta? Qual delas você usa mais? Qual usa menos? Quais usa com equilíbrio? A melhor forma de equilibrar suas forças é conectando-se com as virtudes que elas representam. Releia as descrições das virtudes. Inspire-se nelas para encontrar a sua média áurea, o seu caminho do meio. Depois, anote no diário do sabático seus pensamentos, reflexões e *insights*.

2. REGENERAR

Pense em um momento de sua vida em que usou uma de suas forças – ou mais de uma – para realizar algo que era muito importante para você. Reviva esse acontecimento com todos os detalhes. Reviva as sensações. O que aconteceu? Por que essa conquista foi tão marcante? Quais forças você usou e como elas contribuíram para o seu sucesso? Faça uma releitura desse momento sob o ponto de vista das forças que aplicou. Perceba como deu o melhor de si para obter o melhor resultado. Fique alguns instantes com essa sensação. Anote no diário do sabático tudo o que achar necessário registrar.

3. PROJETAR

Imagine, agora, que hoje você vai ter um dia ideal. E, nesse dia ideal, você vai usar no mínimo uma das suas forças de assinatura pelo menos três vezes, em três situações diferentes e de maneiras diferentes das quais costuma usar. O que você vai fazer? Como? Quando? Com quem? Comece a se planejar. Escreva no diário o que pretende fazer e como vai se lembrar disso ao longo do dia (programar um toque do celular, mandar mensagens para si mesmo, consultar o diário...). Depois do planejamento, escreva uma frase que sirva de estímulo e de encorajamento para colocar o plano em ação.

DICA: ENGAJAR-SE PARA FLORESCER

Pense nas coisas que você costuma fazer no dia a dia, do momento em que se levanta até a hora de dormir. Agora responda com toda a sinceridade: quantas de suas atividades diárias você faz por obrigação e quantas você faz com paixão? Quantas você faz porque precisa fazer e quantas faz porque decidiu fazer? As respostas a essas perguntas estão ligadas ao engajamento. O ato de engajar-se corresponde à conexão física, emocional, cognitiva e social que se desenvolve quando estabelecemos uma relação imbuída de propósito com os diferentes aspectos da vida. Essa conexão gera um esforço voluntário direcionado aos objetivos que queremos alcançar. Em outras palavras, gera a percepção de que temos escolha e poder de decisão, e os usamos para atingir uma finalidade determinada por nós mesmos. É a diferença entre dizer, por exemplo, "Mais um dia de trabalho, que coisa insuportável! Mas o que eu posso fazer? Sou obrigado a trabalhar porque preciso de dinheiro", ou ver as coisas por este ângulo: "Sempre dou o melhor de mim no trabalho. Esse pode não ser o emprego ideal, mas vai ser o aprendizado ideal, mais um passo no caminho da realização dos meus sonhos". É fácil perceber qual das duas maneiras de encarar a situação traz mais felicidade e bem-estar, mais performance, produtividade e resultados.

O engajamento não é essencial apenas para o trabalho, mas para a vida como um todo. E se você acha que está se engajando pouco, saiba que um aspecto crucial para fazer com que o engajamento aumente rapidamente é identificar suas forças e desenvolver um plano para usá-las mais intensamente. Quando as aplica, você potencializa o prazer, a motivação e a paixão. Também recupera o controle de sua vida e sai da mera obrigação para a consciência da escolha. Faça este teste. Escolha uma atividade que precisa fazer com frequência, mas que considera apenas uma obrigação entediante. Depois, use suas forças para torná-la mais desafiadora e interessante. Dedique algum tempo planejando o que vai fazer e como. Imagine que essa atividade é a oportunidade ideal para aplicar suas forças de maneiras diferentes e criativas. E aplique, insista, repita. Você vai se surpreender com os resultados.

→ PALAVRA DE EXPERT ←

FORÇAS DE CARÁTER

"O foco nas forças nos ajuda a ser inspirados até mesmo por pessoas com as quais podemos não nos conectar ou não concordar."

Robert Biswas-Diener, diretor administrativo da Positive Acorn, viajou pelo mundo realizando pesquisas sobre forças de caráter.

Acredito que forças são comportamentos. Elas são ações que podem ser vistas, como a criatividade. Pessoas que são fortes em uma área em particular demonstram esse comportamento de uma maneira superior. Ainda assim, o uso de uma força de caráter não garante o sucesso, e as pessoas podem ocasionalmente usá-las mal. Um exemplo disso pode ser visto em uma pessoa que é muito bem-humorada, mas usa isso automaticamente ou com uma audiência que não é receptiva. Finalmente, acredito que as forças são "naturais". Ou seja, é possível que haja uma influência genética ou de personalidade sobre elas. É por isso que uma pessoa é analítica, outra é organizada, e uma terceira improvisa. Nem todo mundo é bom em tudo. Pessoas que são naturalmente boas em um comportamento em particular geralmente o reforçam pelo uso, tornam-se especialistas nele e, assim, o desenvolvem ainda mais.

As forças são tão comuns que tudo o que você precisa fazer é olhar para qualquer pessoa e ver no que ele ou ela brilha. Esse pensamento me conforta porque com frequência é fácil ver nossas diferenças, e o foco nas forças nos ajuda a ser inspirados até mesmo por pessoas com as quais podemos não nos conectar ou não concordar. Em minha vida, sinto que sou atraído por quem tem uma certa combinação de forças: amo pessoas criativas, engraçadas e inteligentes. Na verdade, gravito em direção a essas qualidades mais do que em direção a pessoas empáticas, bondosas ou calorosas. Isso faz de mim uma pessoa ruim?

As forças de caráter são vitais para o sucesso. Para mim. Para você. Para todo mundo. Geralmente uso minhas forças – humor, improvisação, criatividade (especialmente a "geração de ideias") e a inteligência social. Descobri que elas são úteis em cada área de trabalho. Se, por exemplo, escrevo um artigo ou uma postagem para um blog, *não sofro para ter as ideias iniciais, escrevo com o leitor (em vez do conteúdo) em mente e uso o humor com liberalidade. Curiosamente, outra pessoa poderia ser bem-sucedida nessas mesmas empreitadas usando um conjunto de forças inteiramente diferente. Meu pai – que também é pesquisador – usa suas forças de análise e organização para escrever grandes artigos.*

Essa é uma ideia contraintuitiva, mas acredito que as pessoas precisam usar as forças de caráter de maneira "inteligente" em vez de usá-las "em excesso". Na verdade, com frequência isso significa usá-las menos. As pessoas gravitam naturalmente em direção àqueles comportamentos com os quais se superam. Tanto que, às vezes, exibimos esses comportamentos de forma automática. Costumo aconselhar as pessoas sobre o quanto elas estão usando suas forças. Pergunte-se coisas do tipo: "Como as outras pessoas estão reagindo ao modo como uso minhas forças?", "Quais outras forças posso estar menosprezando enquanto uso essa força em particular?", ou "O quanto dessa força é o suficiente?".

PASSO 4

METAS E PROPÓSITO: DEFINA O QUE QUER DA VIDA

A HISTÓRIA DE UM PROPÓSITO

O primeiro encontro com o que viria a ser o meu propósito de vida ocorreu nas manhãs de domingo da infância, quando eu e meus irmãos saíamos pelas ruas da vizinhança imbuídos de uma missão: bater na porta de estranhos e pedir alimentos. Não para nós, mas para crianças que não conhecíamos. A ideia foi de meu pai. Certa vez, ele soube de um projeto social que estimulava adoções. Como a família sempre foi um valor importante para ele, meu pai entusiasmou-se e resolveu ajudar. Imediatamente recrutou os filhos para coletar alimentos que seriam enviados para as famílias adotivas. Não foi fácil superar a timidez e começar a pedir doações para desconhecidos. Mas assim eram as coisas em minha família. A contribuição – o ato de dar alguma coisa em troca daquilo que a vida generosamente nos dá – era um princípio que meus pais inevitavelmente seguiam. Desde cedo testemunhei as iniciativas filantrópicas de meu pai e a energia inesgotável com que minha mãe se entregava ao trabalho voluntário na escola pública onde eu e meus irmãos estudávamos. "Essa escola está educando meus cinco filhos, preciso contribuir", dizia ela, com a sabedoria dos que preservam o equilíbrio entre direitos e deveres. O projeto das famílias adotivas foi minha primeira incursão direta nesse universo expandido no qual passamos a servir não apenas a nós mesmos, não apenas aos nossos, mas a pessoas que nunca vimos e nunca veríamos. Mesmo assim, éramos próximas, pois, ao ajudá-las de maneira abnegada, reconectávamos os laços de uma humanidade partilhada.

Muito tempo depois, quando comecei a estudar psicologia positiva, entrei em contato com o trabalho dos pesquisadores Todd Kashdan e Patrick McKnight, da Universidade George Mason. Eles investigam um assunto que, como objeto de interesse acadêmico, pode até soar um tanto insólito: o propósito. Para os dois, esse é um tema predominante na identidade de uma pessoa e provê uma estrutura para padrões sistemáticos de comportamentos cotidianos. Em outras palavras, isso significa que o propósito é, ou deveria ser, a resposta à pergunta: "Por que fazemos o que fazemos?". Kashdan e McKnight explicam que o propósito é uma aspiração que atua como força central na vida humana, organizando e estimulando objetivos, gerindo comportamentos e nos dando um senso de significado. Ele direciona decisões e guia o modo como os sujeitos usam seus recursos. É como uma bússola que orienta a direção dos esforços e se torna parte do ser.

Ao pensar nisso, me ocorre que a minha "bússola" foi sendo construída naquelas manhãs de domingo da infância, quando, estimulada por meu pai, aprendi a doar meu tempo e meu empenho para algo que estava muito além de mim: o bem-estar de outras pessoas. Naquele momento, ideias que me acompanhariam por toda a vida começaram a se formar – e a formar a menina que eu era e a mulher que seria. "O que vai acontecer quando a comida acabar?", pensava eu. "Será que não tem um jeito de ensinar às famílias o que fazer para que elas sempre tenham comida?"

Quando olho para trás, percebo que esse modo de ver as coisas nunca mudou. Foi apenas se refinando com o tempo, depurando-se com a passagem dos anos. Estava lá quando, aos 13 anos, comecei a trabalhar dando aulas de balé. Estava lá quando deixei os *pliés* e *jetés* da adolescência para estar entre as primeiras mulheres a se formar no então recém-criado curso de Processamento de Dados. Estava lá quando me tornei executiva da Volks e, depois, da BellSouth. E estava lá, mais intenso e pulsante do que nunca, quando, após anos de trabalho duro, me encontrei em uma posição na qual poderia desfrutar de uma vida financeira mais confortável e sem maiores preocupações. Ou não. Eu também poderia optar por abandonar minha carreira na BellSouth e arriscar todas as minhas economias para viver meu propósito, que, àquela altura, já estava claro: contribuir, ajudando as pessoas a se ajudarem. Eu já havia encontrado o caminho: o *coaching*. Havia tempos vinha estudando e praticando esse incrível processo que dá às pessoas as ferramentas necessárias para que elas se desenvolvam continuamente, aumentem seus resultados e assumam o controle de sua vida. Estava fascinada! Muitos, porém, poderiam dizer que eu estava louca. O ano era 1999 e o Brasil amargava a crise de desvalorização do real. Balança comercial negativa, PIB em baixa, desemprego subindo, e eu querendo abrir uma empresa de formação de *coaches* – algo que, por aqui, praticamente ninguém sabia o que era. O fato é que estava em uma encruzilhada, um daqueles momentos nos quais você se depara com uma escolha que irá definir todo o resto de sua vida. Viktor Frankl, psiquiatra austríaco sobre o qual você ainda vai ler neste capítulo, certa vez definiu esse momento como uma oportunidade e um desafio. Ou você abraça a oportunidade e experimenta uma conquista interna, ou vegeta. Minha escolha era inevitável. Abracei o desafio. Não vou mentir para você. Foram muitos obstáculos, dificuldades e reveses, muitas tentativas de me equilibrar à beira de um precipício. Foi uma luta árdua que ainda hoje continua, embora sob formas diferentes. Mas o importante é que, finalmente, eu havia começado a viver meu propósito.

Depois de ter visto como se libertar da prisão emocional, assumir o controle de sua nave-mãe e descobrir do que é feito, está na hora de viver o seu propósito. É essa a proposta do quarto passo do sabático: reencontrar ou recriar o seu rumo, o seu norte, a sua bússola. Se você já tem um propósito bem claro e evidente, aproveite para revivê-lo, reacender a chama e se deixar contagiar novamente por essa poderosa energia. Se ainda não o tem, ou se não está certo de tê-lo encontrado, a jornada para descobri-lo começa agora.

DA "NEUROSE DO DOMINGO" À PLENITUDE

Viktor Frankl teve uma visão de seu propósito nos lugares mais inesperados – e terríveis – que se possa imaginar: os campos de concentração nazistas. Frankl viveu num dos períodos mais difíceis da história da humanidade, a Segunda Guerra Mundial. Vítima da perseguição que o regime nazista promovia contra os judeus, foi enviado para vários campos de concentração, inclusive aquele que possivelmente foi o mais temível de todos, Auschwitz, tendo sido mantido como prisioneiro durante três anos. Frankl enfrentou condições desesperadoras. Ele costumava contar que, quando já não podia suportar a fome, o frio e a dor e estava a ponto de desistir, começou a imaginar que estava num lugar bem diferente, em uma sala iluminada e aquecida, dando uma palestra para uma audiência que ouvia cada palavra do que ele dizia. Na palestra, falava do que viveu nos campos de concentração e do que havia aprendido com essa experiência. Foi então que Frankl teve contato com o que viria a ser o seu propósito. Era possível encontrar algum sentido em seu sofrimento se, um dia, ele pudesse dar origem a algo que fosse útil às pessoas. Frankl sobreviveu aos campos de concentração e viveu até os 92 anos. Ele de fato deu a palestra imaginada naquele momento de desespero, e mais. Desenvolveu todo um processo de psicoterapia chamado logoterapia, cujo princípio, entre outros, é a busca pelo sentido. Seu propósito, forjado naqueles tempos de grandes provações, tornou-se ajudar as pessoas a encontrar seu propósito. Contei essa história porque, quando se trata de propósito, Frankl é sempre lembrado.

Desprovidos de propósito, mergulhamos em uma sensação de vazio que já se tornou endêmica em nossa sociedade. Se você procurar no dicionário, verá que o vazio é definido como carente, vão, fútil, enfim, algo sem conteúdo ou objetivo – um sentimento que conota ansiedade e está intrinsecamente ligado à vida contemporânea. Em um mundo conectado, tudo é mais rápido e mais próximo. Ao mesmo tempo, porém, o tempo e o espaço das interações humanas também são comprimidos, reduzidos ou suprimidos, destituindo-se de conteúdos sociais e de experiências significativas. Expostos a uma vertiginosa sucessão de mudanças, somos deslocados para o território da anomia, descrita pelo sociólogo francês Émile Durkheim como um estado despido de objetivos e regras, no qual a identidade se dilui, o vazio se solidifica e o paradoxo se constrói. Temos GPS no celular, mas estamos à deriva. Estamos hiperconectados, mas nos desconectamos de nós mesmos. Sob a forma de mercadorias de todo tipo e para todo fim, o prazer e a gratificação estão ao alcance de um mero toque no telefone. No entanto, as pesquisas nos mostram repetidamente que estamos cada vez mais insatisfeitos, deprimidos, ansiosos, estressados, solitários e emocionalmente carentes. Ou seja, vivemos no vácuo existencial, que Viktor Frankl descreveu como a perda da habilidade de encontrar ou de criar significado na vida, o que acaba se manifestando como desânimo ou como desespero – os dois extremos entre os quais oscilamos quando não conseguimos trilhar o caminho do desenvolvimento pessoal. É essa habilidade de encontrar ou de criar significado que chamamos de sentido.

Talvez você considere o que estou dizendo um tanto abstrato. No entanto, se transportar isso para o seu cotidiano, perceberá que noções como propósito, significado e sentido podem ser concretas – ou, às vezes, dolorosamente concretas. É possível que esse não seja o seu caso, mas, se não for, tente se imaginar nessa situação. Você se levanta a cada manhã porque... por que mesmo? Bem, porque o despertador tocou. Você vai trabalhar porque é obrigado – afinal, precisa do dinheiro. Você se arrasta para o trabalho e, mal chega lá, já está pensando em quanto tempo falta para o dia acabar. Seu tempo se esvai em atividades que você se força a fazer, em vez de esforçar-se para fazer. Os dias se dissolvem uns nos outros, e você não vê a hora de chegar o fim de semana. O sábado promete trazer algum alívio, mas, de repente, já é outro dia, e com ele chega a chamada "neurose do domingo", um fenômeno detectado por pesquisas que consiste em um aumento dos níveis de ansiedade quando o fim de semana termina. Uma de suas causas é a sensação de desespero provocada pela expectativa de recomeçar a semana de trabalho. Então o despertador toca e começa tudo de novo. As semanas se transformam em meses, os meses em anos, e, quando você se dá conta, uma pergunta incômoda se insinua: "O que eu fiz da minha vida?".

Os efeitos do vácuo existencial são insidiosos. Mais de vinte anos de pesquisas nos mostram que há uma forte relação entre a habilidade de encontrar sentido e significado na vida e os mecanismos que nos permitem lidar com o estresse. Quem não consegue encontrar sentido naquilo que faz é mais vulnerável à depressão e ao abuso de substâncias nocivas, além de apresentar um baixo nível de autocontrole, o que muitas vezes se manifesta como uma tendência a adotar comportamentos de risco. Ter um propósito, porém, é algo que contribui significativamente para a felicidade, o bem-estar, a qualidade de vida e a própria expectativa de vida.

E agora chegou a hora de ser apresentado a um importante estudioso contemporâneo do propósito, o dr. Adam Kaplin, da Divisão de Neuropsiquiatria da Escola de Medicina da Universidade Johns Hopkins. Fundada em 1876 em Baltimore, nos Estados Unidos, a Johns Hopkins é considerada um centro de excelência e modelo de universidade dedicada à pesquisa – de lá já saíram 36 ganhadores do prêmio Nobel. Ligado à Escola de Medicina, o Johns Hopkins Medical Center é famoso por suas contribuições ao progresso dessa área. Muitos procedimentos médicos e cirúrgicos que são utilizados no mundo todo foram desenvolvidos lá. Que interesse um lugar com esse portfólio teria no estudo do propósito? Bem, o dr. Kaplin acredita que o senso de propósito das pessoas pode ser usado em benefício da saúde. Daí seu foco nas pesquisas de como o propósito pode salvar vidas. Ele está na vanguarda daquilo que já está sendo chamado de um novo movimento na neurociência, o

PIL, sigla de *Purpose in Life*, ou Propósito na Vida. Trata-se de uma área de pesquisa que foca as interações entre mente e corpo e o poder que os fatores emocionais, mentais, sociais e espirituais têm de afetar a saúde. O PIL relaciona a crença de que a vida tem sentido e propósito à melhora contínua e significativa na saúde. Portanto, a percepção de um indivíduo acerca de seu propósito pode ter profundas consequências para sua qualidade de vida e longevidade.

O que ajuda a fundamentar essas conclusões é o fato de que o PIL pode ser medido. Existem escalas capazes de aferir o seu nível de propósito – se ele é meio "fraquinho" ou até mesmo inexistente, ou se é intenso e energizante. Essas escalas são baseadas em três critérios. Você possui um elevado nível de PIL quando acredita que a vida tem sentido ou significado, conta com um sistema pessoal de valores e dispõe da motivação e das habilidades necessárias para atingir objetivos e superar desafios. Esses três critérios estão interligados. Tente imaginar um sem os outros. Como se sentiria motivado a desenvolver as habilidades necessárias para atingir objetivos se, para você, a vida não fizesse sentido? De que modo encontraria sentido se não tivesse seu próprio sistema de valores para ajudá-lo a identificar o que é realmente importante? Medir o senso de propósito das pessoas é o ponto de partida para a realização de diversos estudos. Em um deles, novecentos idosos com risco de desenvolver demência foram acompanhados por sete anos. E foi constatado que os que possuíam um baixo nível de PIL tinham o dobro das chances de desenvolver Alzheimer do que aqueles com níveis mais altos. Isso acontece porque, segundo os pesquisadores, o PIL protege o que eles chamam de reserva cognitiva do cérebro, que seria a habilidade desse órgão de improvisar, encontrar alternativas e mudar o modo como opera para lidar melhor com os desafios que se apresentam.

Essas conversas sobre reservas cognitivas surgiram em meados da década de 1980, quando foi feita uma descoberta impressionante. Ao realizarem autópsia em pessoas que, em vida, não apresentavam nenhum sinal de demência, os cientistas se surpreenderam ao constatar que os cérebros analisados mostravam mudanças consistentes com estágios avançados de Alzheimer. Como isso era possível? A conclusão foi que aquelas pessoas não tiveram sintomas porque sua reserva cognitiva era grande o suficiente para que o cérebro pudesse contornar os danos causados pela doença e continuar funcionando normalmente. Novas pesquisas foram apontando para esse caminho. Quanto maior for a reserva cognitiva, mais chances o cérebro terá de driblar os efeitos degenerativos da demência, da doença de Parkinson, do Alzheimer, da esclerose múltipla e do acidente vascular cerebral. E não é só isso. A reserva cognitiva também favorece o funcionamento do cérebro, mesmo que seja exposto ao estresse, a cirurgias ou a qualquer outro evento que exija dele um esforço extra.

Assim, é de vital importância aumentar a reserva cognitiva, formada ao longo de toda a vida. O interesse pelo aprendizado, a curiosidade e o desafio são fatores importantes para desenvolvê-la, mas ter um propósito é fundamental. Por aí já dá para perceber por que uma instituição prestigiada como a Johns Hopkins investe seus recursos e alguns de seus melhores profissionais em pesquisas sobre o propósito. Em outro levantamento, 7 mil idosos foram acompanhados durante quatro anos. Cada ponto positivo em seus testes de medição do PIL mostrou-se equivalente a uma redução de 22% do risco de ter um derrame. No Japão, um estudo conduzido pela Universidade de Akita nos deu um bom resumo da relação entre propósito e longevidade. Em um grupo de 832 homens acompanhados pelos pesquisadores ao longo de treze anos, a taxa de mortalidade por AVC entre os que tinham um forte propósito foi 72% menor; a mortalidade por doenças cardiovasculares foi 44% menor; e a mortalidade por qualquer outra causa – preste atenção, qualquer outra causa! – foi 48% menor. Talvez agora você esteja se perguntando: "Mas como o propósito pode aumentar nossas reservas cognitivas e ainda exercer todos esses efeitos positivos sobre a saúde?". Para responder a essa pergunta, precisamos entender um pouquinho melhor a ação do estresse. O estresse crônico prejudica a habilidade do corpo de regular as inflamações. Inflamações persistentes ou em excesso têm sido associadas a diversas doenças que afligem o cérebro e os nervos e vão da esclerose múltipla ao Alzheimer e ao Parkinson. O propósito, conforme os pesquisadores têm constatado, nos dá serenidade e senso de direcionamento que nos colocam em um estado mental capaz de criar um ambiente mais saudável e com menos estresse. E menos estresse é igual a mais saúde. Por isso, trabalhar o propósito é um passo essencial para o sucesso do sabático.

ENCONTRANDO O SEU *IKIGAI*

No Japão, as pessoas vivem mais. O fato foi apontado pela Organização Mundial da Saúde (OMS), que colocou o país em primeiro lugar no *ranking* da longevidade. E isso é válido tanto para homens quanto para mulheres. As japonesas vivem, em média, 90,1 anos, e os japoneses, 87,9. São quatro anos a mais do que a expectativa de vida no país que está em segundo lugar no *ranking*, a Suíça. A admirável longevidade dos japoneses é objeto de pesquisa de cientistas de todo o mundo – afinal, quem não quer descobrir o segredo de uma longa vida? Vários aspectos têm sido intensamente estudados: alimentação, hábitos, fatores culturais, estilo de vida. Em meio a tudo isso, um aspecto que começou a chamar atenção atende pelo nome de *ikigai*. Uma tradução aproximada seria: "aquilo que faz a vida valer a pena". Em outras palavras, ter um propósito na vida. A concepção de *ikigai* varia de pessoa para pessoa. Para algumas, ela se relaciona ao trabalho, para outras, à família, e para outras, ainda, à autorrealização.

Embora as concepções sejam variáveis, certos elementos se mantêm estáveis. O *ikigai* está ligado à ideia de papéis sociais definidos, que atuam como uma fonte de sentido e de significado. Acima de tudo, ele não está necessariamente atrelado a alguma missão extraordinária ou a algum projeto capaz de mudar o mundo. O *ikigai* pode se referir a atividades bem mais humildes e mundanas, desde que realizadas com constância e dedicação. Não é apenas o fazer, mas o fazer bem-feito – é assim que você se eleva. O princípio é este: servir ao propósito pessoal da melhor maneira que puder torna a vida mais significativa.

Outro princípio importante atrelado a esse é a ênfase no processo, e não na finalidade, mesmo porque um propósito pode nunca se realizar. Veja, por exemplo, o meu propósito de ajudar as pessoas a se ajudarem. Será que um dia vou conseguir ajudar todas as pessoas a se ajudarem o tempo todo? É claro que não. No entanto, o propósito é uma bússola, e não um ponto de chegada. Pontos de chegada são os objetivos por meio dos quais o propósito é vivido. Paradoxalmente, eles são, também, pontos de partida, pois, a cada objetivo realizado, buscamos outros para alcançar. Se você pensar bem, verá que isso é uma bênção. O que seria de nós se não nos restasse mais nada a realizar? Disseminar mais conhecimentos por meio de novos treinamentos, dar palestras para compartilhar informações e escrever este livro para que mais pessoas possam se beneficiar do sabático são alguns dos objetivos que me fazem viver o meu propósito. E trabalhar por ele, é claro, porque sem trabalho duro não existe propósito – existem apenas ideais. Mas veja a beleza de tudo isso. Mesmo que um propósito não possa ser plenamente atingido, cada objetivo alcançado nos aproxima dele. E assim o propósito se torna uma presença constante, alimentando e fortalecendo a crença de que a vida tem sentido. E que todas as experiências que vivemos, mesmo as que nos trouxeram mais angústia, não foram em vão – elas possuem um significado.

Nem tudo são flores quando se fala de propósito. Existem os espinhos, que atendem pelo nome de ansiedades do propósito. Há dois tipos de ansiedade: a de quem não consegue encontrar seu propósito e a de quem já o encontrou, mas não consegue vivê-lo. Só quem passa ou já passou por isso sabe o quanto essas ansiedades são angustiantes: elas afetam a própria noção de que a vida faz sentido. A boa notícia é que existem dois antídotos para combatê-las. O primeiro diz respeito a como encontrar propósito. O segundo, a como vivê-lo. Se você já está ficando impaciente para saber como encontrar um propósito, é preciso se acalmar um pouco. Precisamos começar com os pré-requisitos. Um deles é o autoconhecimento. O propósito se alimenta de forças, qualidades, talentos, habilidades, interesses e valores de cada pessoa. É por isso que um baixo nível de autoconhecimento contribui para criar, ou até mesmo para exacerbar, a ansiedade do propósito. Portanto, se quiser encontrar, resgatar ou revalidar o seu propósito, comece refletindo sobre isto: no que você é bom, o que você ama fazer e quais são suas forças, talentos, valores e habilidades. Imagine que está fazendo um retrato fiel de si mesmo com base nesses elementos. Qual seria o resultado? O próximo requisito diz respeito à autoaceitação: reconhecer-se nesse retrato e ser capaz de dizer com sinceridade: "Esta pessoa sou eu, e eu aceito o que estou vendo".

Embora eu tenha chamado o autoconhecimento e a autoaceitação de pré-requisitos, na verdade eles são processos que podem se estender por toda a vida. Talvez você não se conheça tão bem quanto imagina. Talvez existam coisas em si mesmo que você gostaria de mudar ou de melhorar. E é natural que seja assim – do contrário, o autodesenvolvimento seria desnecessário. No entanto, é importante que haja no mínimo uma base de autoconhecimento e de autoaceitação para que você possa se entender melhor e, ao se entender, perceber para qual direção sua busca pelo propósito aponta.

Essa direção pode ficar mais clara com a ajuda do significado. Rever ou reavaliar a memória de acontecimentos passados a fim de reconectá-la às experiências presentes é uma forma de criar significado, de fazer com que as coisas tenham sentido. Quando isso acontece, somos inundados por uma sensação mágica e maravilhosa, que pode ser expressa por uma frase que às vezes, em um momento de muita iluminação, temos o privilégio de pronunciar: "Tudo o que eu fiz em minha vida me trouxe até aqui". A percepção de que nada foi em vão, de que tudo o que você viveu fez com que chegasse aonde está agora, é uma dádiva libertadora que o sentido e o significado nos dão. Se neste exato momento você acredita que o lugar aonde chegou não é bem onde gostaria de estar – ou não é absolutamente onde gostaria de estar –, tenho apenas uma coisa a lhe dizer: agradeça! Estamos falando do presente, e o que importa é que você chegou aqui. Tudo aquilo que deseja mudar, melhorar, largar ou acrescentar pertence ao futuro. E o futuro está sempre prenhe de possibilidades, porque ele é, afinal, o território do propósito. Enquanto o sentido e o significado conectam o passado ao presente, o propósito conecta o presente ao futuro, de modo que o futuro que desejamos se torna um guia e um estímulo para as ações que realizamos agora. Essa é uma função crucial do propósito: fazer nascer a esperança em relação ao que está por vir.

Mas e o propósito, como nasce? Após anos de estudos, Kashdan e McKnight identificaram três vias principais. A primeira é um processo de esforço proativo que realizamos ao longo do tempo, no qual a "matéria bruta" daquilo que se tornará o nosso propósito vai gradualmente ficando mais clara e refinada. Foi isso que aconteceu – e ainda acontece – comigo, desde a coleta de doações na infância até os dias de hoje, à frente de uma empresa de formação de *coaches* e de seu braço social. Se esse for o seu caminho, é provável que a essa altura você já tenha uma boa noção do seu propósito. Para ter certeza, experimente este teste. Basta responder rapidamente a duas perguntas: como você definiria o seu propósito em apenas uma frase curta? O que você faz diariamente que o deixa mais conectado ao seu propósito? Se esse não for o seu caminho, não se desespere. Ainda há outros dois.

A segunda via para encontrar o propósito é recebendo um "empurrão" de algum evento transformador que aconteceu em sua vida. Foi o que ocorreu com Viktor Frankl e sua experiência nos campos de concentração nazistas. Eventos transformadores, porém, nem sempre são negativos. Eles também podem ser positivos, como o nascimento de um filho, uma viagem que mudou sua forma de ver o mundo ou a ascensão a uma posição especialmente desafiadora na carreira. Se esse for o seu caso, localize esse evento transformador e reflita. Você consegue perceber um propósito emergindo daí e trazendo maior clareza e confiança à sua vida? Que propósito é esse?

Por fim, a terceira via é o aprendizado social. Aqui, o propósito emerge quando sentimos uma profunda admiração por uma ou mais pessoas – por seus feitos, sua conduta ou seu modo de vida – e somos inspirados a seguir uma determinada direção. É uma admiração e, simultaneamente, uma identificação, pois o que vemos no outro é uma ressonância, uma amplificação de algo que já reside em nós, porém de maneira incipiente e potencial. Certa vez, uma amiga jornalista entrevistou uma pessoa que havia criado uma instituição filantrópica para combater a desigualdade por meio da educação. Embora os dois tivessem repertórios e contextos completamente diferentes, ela se sentiu tão comovida e inspirada pela história de vida e pelo exemplo do entrevistado que, naquele momento, um propósito emergiu. Ela acabou atuando como voluntária na instituição dele e, depois, continuou buscando formas de fazer da educação um meio de superar a intolerância, o preconceito e a desigualdade. Se esse for o seu caminho, qual foi a pessoa que o inspirou de modo tão marcante? Que propósito emergiu daí e o que você passou a fazer de diferente a partir disso?

VIVENDO O SEU *IKIGAI*

Vamos falar um pouco daquele segundo tipo de ansiedade, a de encontrar o seu propósito e não conseguir vivê-lo. Um dos principais motivos para isso é a ideia de que ele só pode ser vivido por meio de ações grandiosas. Por exemplo, ter como propósito aumentar o bem-estar das pessoas e achar que, para isso, você deve descobrir a cura do câncer ou algo assim. Ou querer tornar a comunicação mais fácil e acessível e se angustiar porque você ainda não inventou o novo Facebook. Lembre-se dos princípios do *ikigai*. Não é a grandiosidade de suas ações que faz com que você viva seu propósito, mas a regularidade e a consistência. O propósito de ser o melhor pai ou a melhor mãe que você é capaz de ser não é vivido uma vez por mês, quando paga a mensalidade daquela escola caríssima, mas a cada dia e a cada hora, com sua presença, seu suporte e seu amor. Isso acontece quando encontra disposição mesmo quando não tem nenhuma e abre um espaço interior de acolhimento mesmo quando está mergulhado no estresse – o que, convenhamos, às vezes pode ser mais difícil do que pagar a escola. Mas quem disse que viver um propósito não requer sacrifícios? A diferença é que fazer sacrifícios por um propósito traz o senso de gratificação e de sentido. Já o sacrifício sem propósito é apenas uma fonte de sofrimento, intensificado pelo fato de você não conseguir encontrar nele nenhum significado.

O trabalho costuma ser um espaço no qual buscamos viver o nosso propósito. Uma pesquisa mostrou que 72% dos estudantes universitários e 59% dos adultos empregados consideram o trabalho significativo – ou atrelado ao propósito de oferecer ou criar algo capaz de fazer a diferença – como uma de suas prioridades mais importantes. E 71% dos jovens entre 21 e 31 anos colocam o trabalho significativo entre os principais fatores para o sucesso profissional. No entanto, você se lembra do engajamento sobre o qual falamos no terceiro passo do sabático? Pois saiba que, segundo o Instituto Gallup, 85% dos trabalhadores não se sentem engajados – o que significa que eles não estão encontrando propósito naquilo que fazem. Se você se reconhece nessa situação, é melhor partir para uma reflexão. Você trabalha por seu propósito ou acha que é ele que deve trabalhar por você? Achar que o propósito deve trabalhar por você equivale a cair na ilusão de que, uma vez que o encontrou, tudo em sua vida deve encaixar-se nele automaticamente. O que não se encaixa é uma fonte de angústia, pois o impede de vivê-lo mais intensamente.

Trabalhar pelo propósito, por outro lado, implica uma mentalidade e uma disposição. Implica o princípio do *ikigai* de fazer o melhor e de fazer bem-feito. O professor de Psicologia Michael Steger considera o assunto tão importante que, para melhor estudá-lo, fundou o Centro de Significado e Propósito (Center for Meaning and Purpose) da Universidade do Estado do Colorado. Steger diz que encontramos significado no trabalho quando três requisitos são atendidos. O primeiro é acreditar que o trabalho possui um propósito. O segundo é acreditar que contribui para que a vida seja significativa. O terceiro é fazer com que o trabalho contribua positivamente para o bem comum. Qualquer trabalho pode ser significativo se atender a esses três critérios. E se eles são ou não atendidos depende muito do modo como o vemos. Imagine-se perguntando a uma pessoa o que ela faz. E a pessoa responde o seguinte: "Sou gari, e meu trabalho é um horror. Passo o dia limpando a sujeira dos outros, mas o que eu posso fazer? Tenho que pagar as contas no fim do mês". Agora, imagine que você fez a mesma pergunta para outra pessoa que exerce a mesma função e ouviu esta resposta: "Sou gari, e meu trabalho é tornar a vida na cidade possível. Sem limpeza, a saúde e a circulação das pessoas são prejudicadas, e a cidade simplesmente não funciona". Se os dois acreditam nisso, ambos estão certos. No entanto, qual deles você acha que é mais feliz? Qual deles tem um propósito e é capaz de encontrar sentido naquilo que faz? E quanto a você? Na última vez que alguém perguntou sobre o seu trabalho, como você o descreveu? Não estou dizendo que você não possa mudar de trabalho, de carreira ou mesmo de profissão se achar que isso o fará viver seu propósito mais intensamente. Mas talvez não seja possível fazer essa mudança agora. Ou talvez seja, mas, mesmo encontrando o trabalho dos sonhos, você vai se deparar com tarefas não tão agradáveis ou nas quais parece não haver um sentido imediato. Por isso, independentemente do lugar em que esteja e da atividade que desempenhe, comece a criar significado, a encontrar sentido e a relacioná-los ao seu grande alvo. Você não precisa esperar nem mais um segundo para viver o seu propósito.

O QUARTO PASSO DO SABÁTICO

Neste quarto passo do sabático, o foco está em aproximar-se de seu propósito e deixar-se energizar por ele. Se você ainda não o encontrou, ou se encontrou, mas ele ainda não está muito claro, busque um mergulho mais intenso e uma noção mais precisa daquilo que faz a vida valer a pena para você. O tema desse passo não foi escolhido por acaso. Agora que você está praticamente na metade do sabático e a regeneração física e emocional já começou, é hora de dar um rumo à energia renovada e canalizá-la para as mudanças que quer ver em sua vida, para os resultados que tanto deseja e para os objetivos que poderão traduzir os seus sonhos em realidade. A fim de que isso aconteça, você precisa da bússola de um propósito claro e poderoso, capaz de impulsioná-lo em direção ao seu futuro ideal.

1. CONECTAR

Conecte-se com aquilo que faz a vida valer a pena. O que é importante para você? Em qual direção suas forças e talentos o levam? Se você pudesse escolher qualquer coisa, o que escolheria para dedicar sua vida e seus esforços? Essas reflexões o aproximam do seu propósito. Se você ainda não o encontrou, mergulhe nelas e observe se um senso de propósito começa a emergir. Anote as ideias e os *insights* no diário do sabático.

2. REGENERAR

Pense em um momento de sua vida no qual você sentiu que estava fazendo alguma coisa muito importante, não só para você, mas também para outras pessoas. Não precisa ter sido nenhum feito grandioso. Basta um ato simples e modesto, mas que você sentiu que fez diferença em sua vida e na de outros. Ao fazer isso, você entrou em contato com o sentido e o significado das coisas, e essa sensação foi tão forte que você nunca mais esqueceu. Conseguiu localizar esse momento? Fique um pouco com essas sensações e anote no diário do sabático tudo o que achar necessário registrar.

3. PROJETAR

Imagine, agora, que hoje você vai ter um dia ideal. E, nesse dia ideal, você vai estabelecer e realizar pelo menos uma pequena meta ligada ao seu propósito. Escolha um passo simples, apenas para iniciar um movimento em direção ao seu propósito, mas que seja significativo para você. Escreva no diário o que pretende fazer e como você vai se lembrar disso ao longo do dia. Depois, anote uma frase que sirva de estímulo e de encorajamento para colocar o seu plano em ação.

DICA: ELEVE-SE!

No primeiro capítulo, conversamos sobre emoções positivas, a lei da elevação, da sensação de se sentir maravilhado e elevado com algo comovente. Falamos, também, que essa emoção pode nos colocar em contato com o nosso propósito. E pode mesmo! Dacher Keltner, professor da Universidade da Califórnia, Berkeley, e fundador do Greater Good Science Center, estudou essa emoção e constatou que ela pode nos conectar com algo maior do que nós mesmos – o que é um aspecto crucial e necessário do propósito. Funciona assim: quando temos contato com coisas que têm o poder de nos elevar, como uma história inspiradora ou um conhecimento capaz de abrir a mente, ou a majestosa beleza da natureza, ou uma música que nos emociona, experimentamos uma sensação de amplidão que nos dá uma nova perspectiva do mundo e de nosso lugar nele. Se você está em dúvida quanto ao seu propósito, a elevação pode ajudá-lo a ganhar maior clareza. Se você já está seguro quanto a ele, a elevação torna essa conexão mais energizada e intensa.

Uma sugestão para evocar a elevação é ir para algum lugar cuja paisagem tenha o poder de encantá-lo ou comovê-lo. Outra sugestão é ouvir uma música que costuma emocioná-lo ou rever um filme que o inspire. Ou, se preferir, experimente escrever uma carta a uma pessoa que você admira profundamente. Não importa se você ainda não tem contato com essa pessoa. O que importa é escrever as razões pelas quais a admira, de que forma ela o inspira e o que ela o motivou a fazer. Escreva, também, o que sente quando pensa nisso. Seja qual for o recurso para evocar a elevação, lembre-se de reservar um tempo em que não será interrompido, de desligar o celular, afastar as preocupações e distrações e ficar sozinho consigo mesmo. Logo em seguida, enquanto as emoções ainda estiverem à flor da pele, anote ou grave o que sentiu e pensou ao experimentar a elevação. Mais tarde, quando revir seus registros, você vai encontrar neles *insights* preciosos para explorar o propósito, o sentido e o significado.

→ PALAVRA DE EXPERT ←

PROPÓSITO E SIGNIFICADO

"Nossas escolhas desses caminhos, das companhias com quem viajamos, do modo como trazemos identidades autênticas ao mundo e a atitude diante do sofrimento, do medo e dos reveses, essas coisas são a vida significativa."

Michael Steger, diretor e fundador do Centro de Significado e Propósito e professor de Psicologia na Universidade do Estado do Colorado.

De muitas maneiras, é meu trabalho definir significado e propósito, por isso posso abordá-los de uma maneira um pouco diferente da de outras pessoas. Defino significado e propósito em termos de uma expressão que é um guarda-chuva mais amplo, o "significado na vida". Significado na vida são as percepções e julgamentos que as pessoas têm de que sua vida importa e possui valor e relevância inerentes, que a existência faz sentido e pode ser compreendida e que sua rotina é energizada por um ou mais propósitos altamente importantes para elas, os quais perseguem de maneira ativa ao longo do tempo.

Quando penso em propósito e significado na minha trajetória, penso sobre ter uma vida que valha a pena. Penso na razão para estarmos aqui na Terra e em qual é o bem que podemos alcançar por meio de nossa vida. Quero fazer algo recompensador com a preciosa dádiva da existência, também com as outras dádivas que recebi, como a mente, o corpo, o espírito e as pessoas que me são próximas.

Tive muitos exemplos de pessoas que viveram com propósito e significado. Fui criado em uma família católica estável, da qual muitos membros serviam à Igreja ativamente. Fui coroinha por muitos anos, minha avó materna tocava órgão na igreja e dirigiu o coral por 72 anos, e meu avô paterno dava a comunhão para inválidos e doentes. Dois dos irmãos do meu pai seguiram vocações religiosas. Assim, fui capaz de testemunhar como as pessoas podiam devotar-se a algo importante e valioso, além das distrações materialistas. Mas, é claro, não é apenas a vida religiosa que possui significado e propósito. Havia um poeta maravilhoso que lecionava em nossa pequena cidade, Bill Holm. Ele adorava cantar e tocar ragtime *[gênero musical norte-americano, popular na virada para o século XX] no piano, e sua devoção à arte e ao que lhe dava prazer, bem como seu jeito gentil e carinhoso de tratar os outros, mostravam outra forma de viver com propósito. Atualmente, minha esposa é, para mim, um incrível exemplo de propósito. A cada dia, como fonoaudióloga, ela trabalha com amor e sem descanso para ajudar crianças a se comunicarem melhor, e suas histórias de como elas florescem sob seus cuidados me lembram constantemente da importância de ajudar de maneiras reais e tangíveis e do poder da dedicação, da paixão e de encontrar sua vocação. Lutar para ser uma boa pessoa, se tornar melhor a cada dia e ajudar a levar amor ao mundo, resistir a se enredar em uma perseguição sem sentido por dinheiro e bens materiais e se dedicar a algo que é mais importante do que você são os modos de viver com propósito e significado que consegui identificar ao meu redor.*

Propósito e significado são minha carreira, afinal, então espero que sejam muito, muito importantes! Mas, para ser honesto, nunca tive de fato um "plano de carreira". Desde cedo, queria entender por quê a vida nos era dada, por que o mundo é como é, por que um mundo repleto de pessoas que querem apenas viver bem e felizes também tem muitas pessoas que fazem coisas más e danosas. Para mim, essas questões formaram a base de um "plano de vida" que me fez seguir em frente mesmo quando a falta de um "plano de carreira" me fez ter muitos trabalhos ao longo dos anos e não perceber que eu poderia ser professor, pesquisador ou palestrante inspiracional até que eu já estivesse na metade dos 30 anos. Meu objetivo é viver com significado e propósito. Todo o restante é decidido com base nesse objetivo, e, apesar de ter muitos defeitos e de cometer muitos erros, esse objetivo me faz seguir em frente e me motiva a me desenvolver continuamente rumo a uma versão mais autêntica e melhor de mim mesmo.

Sentir que a vida não tem propósito ou sentido é assustador. Em primeiro lugar, diria que é bom notar essa falta de sentido. Tento ajudar as pessoas a entender que uma vida significativa não é um resultado que pode ser marcado em uma lista, é um processo. Isso significa que, até certo ponto, ninguém deixa de ter significado e propósito, nem tampouco é incapaz de tê-los. Em vez disso, a vida significativa é uma jornada que empreendemos, com muitos caminhos e encruzilhadas que conduzem a infinitas direções. Nossas escolhas desses caminhos, das companhias com quem viajamos, do modo como trazemos identidades autênticas ao mundo e da atitude que adotamos diante do sofrimento, do medo e dos reveses, essas coisas são a vida significativa. Assim, devemos refletir sobre quem realmente somos, prestar atenção e observar como nossas escolhas e ações refletem ou deixam de refletir o verdadeiro eu, escolher companhias que nos façam crescer e que também possamos fazer o mesmo por elas e trabalhar para desenvolver uma atitude que nos ajude a ver como o sofrimento – por mais doloroso que seja – também ilumina o que é importante. Ao mesmo tempo que é uma inevitável parte da vida, é também algo que pode ser enfrentado sem que tenhamos que desistir da vida.

Sugiro que cada um de nós, mesmo alguém que se sinta completamente perdido no caminho do significado e do propósito, dê um passo agora mesmo, e que procuremos dentro de nós algo que seja bom, ou capaz de gerar vida, ou uma força que possamos compartilhar com os outros – mesmo que pareça muito pequena comparada com a bondade ou a potência que, em nossa suposição, outras pessoas possam ter. E que hoje façamos pelo menos uma coisa que revele ao mundo aquela parte de nós boa e verdadeira.

Como exemplo, certa vez uma aluna falou sobre o quanto é tímida e como achava que não tinha quase nada a oferecer ao mundo. Ela claramente se sentia pequena, sem importância e sozinha. Adorava desenhar e havia desenvolvido uma habilidade que a deixava satisfeita, mas tinha medo de mostrá-la aos outros devido ao receio de ser insultada ou ridicularizada. Porém, movida pelo desespero de viver no mundo real em vez de se esconder, ela fez um desenho engraçado e o deixou secretamente num local em que sabia que a equipe de limpeza da escola encontraria. Não tinha certeza de que a faxineira o encontrara. Então, no dia seguinte, fez outro desenho. E continuou fazendo, até perceber que a faxineira ficava ansiosa para encontrar mais desenhos anônimos. Descobrir que podia fazer alguém feliz por meio dessa habilidade privada e tímida foi lhe dando uma confiança cada vez maior para crescer, ganhar mais espaço no mundo, orgulhar-se de seus dons e compartilhá-los com os outros com maior frequência. Acredito que cada um de nós tem algo assim, e é preciso trazer isso à luz, ver o que acontece, continuar tentando e, finalmente, perceber que mostrar ao mundo nosso melhor e verdadeiro "eu" é, de fato, um passo na jornada do significado e do propósito.

PASSO 5

RELACIONAMENTOS: PERDOE E ENCONTRE O AMOR EM SUA VIDA

PERDOAR E AMAR: MAIS DO QUE UMA RIMA

O magnata das ferrovias Leland Stanford e sua esposa Jane decidiram homenagear seu único filho, que morreu de tifo aos 15 anos durante uma viagem à Europa, de uma maneira diferente: fundando uma universidade que levaria seu nome. Em 1891, eles inauguraram em Palo Alto, na Califórnia, a Universidade Leland Stanford Jr., ou simplesmente Stanford, como seria conhecida. Ao longo dos anos, a universidade passou a ocupar uma posição privilegiada entre as melhores do mundo. Até o fim da segunda década do século XXI, Stanford tinha em seus quadros 270 medalhas olímpicas – das quais 139 de ouro –, 83 ganhadores de prêmios Nobel e 17 astronautas. Seus ex-alunos criaram empresas que, até 2011, já haviam gerado 5,4 milhões de empregos e uma renda anual na casa dos 2,7 trilhões de dólares – se Stanford fosse um país, seria a décima economia do mundo.

Em meio a tantos feitos notáveis, há um em especial que eu gostaria de relatar neste capítulo. Foi em Stanford que nasceu o Projeto do Perdão, o maior e mais bem-sucedido estudo realizado sobre esse tema. À frente do projeto está seu diretor, o dr. Fred Luskin. Na entrevista que me concedeu para este livro, o dr. Luskin disse que seu interesse pelos estudos sobre o perdão nasceu de uma experiência pessoal dolorosa: a necessidade de superar sua dificuldade em perdoar uma pessoa próxima e o impacto negativo que isso causava em sua vida. Tendo iniciado suas pesquisas em 1999, Luskin já trabalhou com o que poderia ser chamado de "a cura pelo perdão" nas mais diferentes situações. De pessoas que tiveram de lidar com a perda brutal de entes queridos a outras que viram as economias de toda uma vida se evaporar. De mágoas profundas surgidas no ambiente de trabalho ao treinamento para que terapeutas incorporem o perdão às suas práticas. De comunidades que ainda guardam as marcas de conflitos a casais que precisam perdoar para continuar a viver – juntos ou não. E é sobretudo desse último aspecto que vamos tratar aqui. Ao longo de todo esse tempo trabalhando com o perdão, não só como foco de estudos científicos, mas desenvolvendo treinamentos e intervenções de aplicação prática, pode-se dizer que o dr. Luskin aprendeu algumas coisas. Aprendeu a perdoar aquela mágoa que o incomodava no passado, a ensinar as pessoas a perdoar e, também, que perdoar é recompensador. Seus estudos apontam para uma direção: o perdão é essencial para a saúde física e mental, para o bem-estar, para a "cura" das feridas emocionais e para a qualidade e a duração dos relacionamentos. Ele também pode ser a diferença entre o inferno e a felicidade possível em uma relação a dois. Quando o perdão é excluído de um relacionamento, diferenças de personalidade, de gostos e de interesses – que poderiam ser um estímulo ao crescimento e ao aprendizado – se transformam em um campo de batalha. As desavenças viram desencontros, a raiva vira rancor, o rancor vira ressentimento, e o resultado muitas vezes descamba para o que já está sendo chamado de *burnout* do amor. E aqui vai um alerta: não é apenas o estresse crônico associado ao trabalho que está na origem do *burnout*. O estresse gerado por relacionamentos também pode levar a essa síndrome caracterizada por um absoluto esgotamento físico e mental. A prevenção inclui optar pelo perdão em vez do ressentimento.

Por falar em optar, aqui vai outro aviso: o perdão não é para todos. Ele é uma escolha e, portanto, destina-se apenas àqueles que fazem conscientemente a escolha de perdoar. No quinto passo do sabático, você está sendo convidado a fazer essa escolha. Talvez você pense que o perdão não lhe sirva, que suas feridas são muito profundas e que a pessoa que o ofendeu não merece ser perdoada. Ou, quem sabe, acredite que já perdoou, mas ainda não passou por todo o processo e, por mais que tente ignorar, algumas coisas ainda o incomodam. É possível, ainda, que seu parceiro ou parceira não tenha feito nada que necessite do seu perdão – mas a mágoa que você guarda de outras pessoas está afetando a saúde de sua relação amorosa, e a sua também. Qualquer que seja o seu caso, tenho um desafio a propor. Neste capítulo, vou falar sobre o que o perdão é e o que não é. Sobre o que acontece conosco quando perdoamos e quando não perdoamos. Sobre como funcionam os relacionamentos e o papel do perdão nas interações com as outras pessoas. Vou falar, também, sobre o processo de perdoar e estarei ao seu lado ao longo de todo esse caminho. O desafio é mergulhar nessa jornada com a mente e o coração abertos. Compare o que você pensava antes com o que vai descobrir depois dessa leitura. E só então decida, porque perdoar é uma escolha que apenas você pode fazer.

A ANATOMIA DO PERDÃO

No remoto ano de 1343, um édito papal deu origem à Universidade de Pisa. Localizada na região da Toscana, na Itália, a universidade está entre as vinte mais antigas do mundo ainda em atividade. É de lá o neurocientista Emiliano Ricciardi, professor de Psicobiologia e Psicofisiologia que, com alguns colegas, assina um estudo com um nome sugestivo e um tanto poético: "Como o cérebro cura feridas emocionais: a neuroanatomia funcional do perdão". A sabedoria popular nos diz que perdoamos com o coração. Ricciardi, porém, nos diz que perdoamos com o cérebro. Ele mapeou as regiões cerebrais envolvidas no ato de perdoar. Em seu estudo, voluntários que se submetiam à ressonância magnética deveriam imaginar cenários de dor emocional seguidos por duas possíveis saídas: perdoar quem causou a dor ou alimentar o rancor. O que as imagens da ressonância mostraram é que o perdão ativa áreas do cérebro associadas à empatia, à perspectiva e ao controle emocional. A empatia é acionada porque o indivíduo está tentando entender os motivos de quem o ofendeu, ou mesmo se colocar no lugar dele. A perspectiva ajuda a redimensionar os acontecimentos e ajustar sua proporção – e, consequentemente, seu impacto. E o controle emocional proporciona a contenção da raiva, da frustração e da irritação e adoção de uma atitude mais compreensiva e benevolente.

Imagine, agora, uma situação cotidiana de um casal para entender melhor como isso funciona. Você se esforçou para preparar um jantar em comemoração a uma data especial – o aniversário de casamento ou de namoro. Está tudo pronto, você arrumou a mesa, acendeu as velas, colocou o pacote com o presente no centro..., mas nada de o parceiro ou a parceira chegar. E, quando chega, com horas de atraso, você descobre que ele ou ela se esqueceu do aniversário e nem sequer comprou um presente. Tudo o que você consegue sentir é uma mistura de raiva com mágoa, até que... o perdão entra em cena. Sua empatia é acionada, e você presta atenção ao que a outra pessoa está dizendo. Um dia particularmente difícil no trabalho, uma crise, uma reunião exaustiva que se prolongou além do esperado. Você percebe que o outro está sob um intenso estresse e também está sofrendo. A perspectiva é ativada, e você se dá conta de que esse episódio não define o seu relacionamento. Você impede que a raiva saia do controle e decide que, embora essa não tenha sido a noite que você imaginou, outras virão. Página virada. Esse é um exemplo de como o perdão pode funcionar.

Reinterpretar um acontecimento e rever o que ele realmente significou é a definição da avaliação cognitiva, um processo mental que está intimamente associado ao perdão. O modo como interpretamos aquilo que consideramos ofensivo influencia tanto a intensidade quanto a duração das emoções, que, por sua vez, influenciam comportamentos e decisões. Ao abrir uma brecha para repensar nossa interpretação dos fatos, o perdão contribui para desarmar a hostilidade crônica, a raiva intermitente e o desejo de vingança, atitude vital para os bons relacionamentos – e para a boa saúde. Pessoas que possuem o perdão como característica – isto é, que o praticam constantemente – apresentam um sistema imunológico mais fortalecido e uma redução na pressão arterial, o que favorece a longevidade. Essas pessoas também recorrem menos a medicamentos, álcool e substâncias tóxicas, além de serem menos sujeitas à depressão. No que diz respeito aos relacionamentos, o grande benefício do perdão é a redução de conflitos, o que leva alguns pesquisadores a levantar a hipótese de que, do ponto de vista evolucionário, perdoar é uma resposta favorável que contribui para a sobrevivência da espécie.

Vamos agora voltar um pouquinho no tempo. Você está lá, diante da mesa posta, tendo de lidar com a frustração de saber que seu parceiro ou sua parceira esqueceu de uma data importante para o casal. Desta vez, porém, em vez de perdoar, você decide dar total vazão à raiva. Não quer saber de crises no trabalho, nem de reuniões, nem de estresse. Na verdade, sua fúria é tanta que você nem quer ouvir o que o interlocutor tem a dizer. A discussão se transforma em uma briga, e, depois, você não consegue dormir. No dia seguinte, o mau humor é tanto que você mal consegue falar com as outras pessoas. Você pensa sem parar na ofensa que sofreu e, quanto mais pensa, pior a situação parece. Você já sabe que, na próxima vez que encontrar seu parceiro ou sua parceira, vão brigar de novo. Seu parceiro ou sua parceira também sabe. E, assim, os dois se preparam para a guerra. Enquanto isso, o corpo de cada um sente o impacto dessa confusão. As emoções negativas e o desconforto emocional afetam a saúde, alteram a atividade cardiovascular, elevam a pressão arterial, reduzem a qualidade do sono e inundam o organismo com hormônios associados ao estresse, como o cortisol.

Se o alívio trazido pelo perdão – pela atitude de virar a página e deixar o que passou para trás – nos leva a perdoar mais a fim de experimentarmos novamente essa sensação, a ruminação, ou seja, o ato de repassar constantemente os eventos negativos, torna a raiva e a frustração combustíveis para o ressentimento. Este, por sua vez, nos torna prisioneiros da ruminação. Assim, o ciclo se reinicia e se perpetua, abrindo caminho para a hostilidade crônica ou para a depressão. Como você já deve ter percebido, a ruminação, nesse caso, não é algo bom. Entre os animais, chamamos de ruminantes alguns herbívoros – como bois e vacas – que engolem o pasto rapidamente, quase sem mastigar, e depois regurgitam e remastigam tudo de novo. É mais ou menos isso que fazemos quando assistimos a incontáveis reprises mentais daquilo que nos aconteceu – e, a cada reprise, sofremos tudo outra vez. Se para os ruminantes esse é o jeito natural de se alimentar, para nós, humanos, a ruminação só traz problemas. Ela estimula os sensores de dor no cérebro, inibindo a produção de neurotransmissores como a serotonina, por exemplo, que está ligada à regulação do sono, do humor, do apetite, da libido. Tudo isso poderia ser resumido na seguinte fórmula:

- PERDÃO = + RUMINAÇÃO

+ RUMINAÇÃO = - FELICIDADE - BEM-ESTAR - SAÚDE

(Menos perdão igual a mais ruminação; mais ruminação igual a menos felicidade, menos bem-estar e menos saúde)

Sob o ponto de vista psicológico, quanto mais você rumina, mais reforça a sensação de desamparo, de não estar no controle da situação, de que as outras pessoas não são dignas de confiança. A autoconfiança também é abalada, assim como a autoestima e a autoimagem. A conclusão inevitável é que, por mais negativo que tenha sido o evento vivido, a ruminação o torna ainda pior. Porém, é para combater a ruminação que existe o perdão. Agora é o momento de entender exatamente o que ele é – e o que não é.

A PODEROSA HABILIDADE DE DEIXAR O PASSADO PARA TRÁS

O perdão é o processo ativo de decidir conscientemente abrir mão dos sentimentos negativos gerados por alguma ofensa ou dano que lhe foi causado. É uma mudança de estado mental que implica uma escolha: trocar a raiva e a frustração por serenidade e equilíbrio interior; desapegar-se de um passado que não pode ser mudado e voltar-se para um futuro a ser construído em outras bases. Não se trata aqui de esquecer um passado que, no fim das contas, é parte do que você é, mas de aceitar o fato de que ele não pode ser mudado. Conforme resume o dr. Luskin, perdoar é ser resiliente quando as coisas não acontecem do jeito que você quer. Em outras palavras, trata-se da habilidade de ficar em paz com a palavra "não". Perdoar vem do latim *perdonare*, que significa algo como "entregar ou doar por completo". E o que tentamos entregar por completo não são exatamente a dor ou o sofrimento causados por uma mágoa passada, mas o apego a esses sentimentos. É assim que recuperamos a capacidade de seguir em frente. Para iniciar esse processo de recuperação, algumas distinções são necessárias. Afinal, confundir o perdão com aquilo que ele não é pode exercer um efeito oposto ao esperado e reduzir o bem-estar ligado a ele em vez de aumentá-lo.

→ PERDOAR X NEGAR

Quando eu disse que a ruminação torna os eventos negativos ainda piores, não me referia a ignorar a dor que você sentiu, ou a extensão de sua ferida, ou a profundidade da mágoa. Parar de repassar mentalmente o sofrimento não equivale a negá-lo. Na verdade, reconhecer em toda a sua amplitude a dor que lhe foi causada é uma condição necessária para perdoar. É por isso que um dos passos iniciais do processo desenvolvido pelo dr. Luskin consiste em contar a uma ou duas pessoas de confiança o que aconteceu e como você se sentiu a respeito. Não admitir que fomos feridos, ou o quanto fomos feridos, pode levar a ferida a supurar em vez de cicatrizar.

A negação é o primeiro dos cinco estágios da perda (ou do luto) identificados pela psiquiatra Elisabeth Kübler-Ross e estudados por ela e por David Kessler. Depois vêm a raiva, a barganha – tentativas de mudar o que não pode ser mudado – e a depressão, na qual predominam a tristeza e o pesar. O quinto estágio é a aceitação, que não significa necessariamente estar de acordo com o que aconteceu, mas compreender que as barganhas não vão funcionar. Os cinco estágios, que inicialmente descreviam a reação das pessoas diante da própria mortalidade, passaram a se referir a diferentes tipos de perda: entes queridos, separação, divórcio, demissão, falência financeira, infertilidade, incapacitação e diversas outras situações. Mais tarde, após lidar com pesadas perdas pessoais, Kessler acrescentou um sexto estágio: encontrar sentido. Isso é algo que remete ao pensamento de Viktor Frankl sobre o qual falamos no capítulo anterior – encontrar algum significado no sofrimento para poder superá-lo. Os estágios não são necessariamente lineares, e nem todas as pessoas passam por todos eles. Mas se em algum momento você se der conta de que isso está acontecendo com você, saiba que o perdão é o seu principal aliado. Uma vez que a negação tenha sido ultrapassada, perdoar pode ajudá-lo em todos os outros estágios: impedir que a raiva vire ressentimento, parar de barganhar, lidar com as emoções negativas, aceitar e, sobretudo, encontrar sentido.

→ PERDOAR X DESCULPAR OU JUSTIFICAR

Perdoar não é o mesmo que desculpar ou justificar, e nem sempre os três andam juntos. Veja aquele exemplo do qual falamos antes – do parceiro ou da parceira que se esqueceu de uma data importante para o casal. Se você passou por algo assim e decidiu perdoar, significa que optou por não guardar ressentimentos. Se você se colocou na situação do outro e achou que o acontecimento era justificável, também optou por desculpar uma atitude que o deixou magoado ou irritado, mas que, na sua percepção, podia ser superada. Ou seja, ao pesar os prós e os contras, você concluiu que não valia a pena se recusar a desculpar e a aceitar justificativas, e essa pode ser mesmo a escolha mais sábia quando se trata de eventos corriqueiros. É claro que podem causar mágoa, e a mágoa não deve ser ignorada – do contrário, a cura não é possível. No entanto, o perdão é um passo importante para que o assunto possa ser discutido de uma maneira mais produtiva pelo casal, com mais amor e menos rancor. A questão não é aceitar tudo o que o seu parceiro ou sua parceira faz, mas entender que a outra pessoa não vai fazer, o tempo todo, tudo aquilo que queremos ou esperamos.

Há casos, porém, em que desculpas e justificativas não são aceitáveis, pois aceitá-las pode comprometer sua integridade. É o que ocorre, por exemplo, em relações abusivas ou marcadas pela violência – seja ela física ou moral. Em casos assim, desculpar ou justificar o agressor ou a agressora atua como um mecanismo de negação da realidade, além de implicar sérios riscos para a vítima dos abusos. É preciso esclarecer que perdoar não o obriga a permanecer em uma relação tóxica, nem a desistir de suas reivindicações por justiça ou reparação. Pessoas que passaram por relacionamentos traumáticos podem, com o tempo e depois que estiverem em segurança, encontrar no perdão o alívio e a serenidade necessários para reconstruir sua vida, sem que isso envolva isentar o agressor das consequências de suas ações ou voltar a ter qualquer contato com ele.

→ PERDOAR X RECONCILIAR

Perdoar não significa necessariamente reconciliar-se com quem o ofendeu. Há casos em que a reconciliação pode ocorrer, e outros em que ela não é mais possível. O perdão também não significa dizer a alguém que você o perdoa – na verdade, isso nem precisa ocorrer. Perdoar é um processo seu, que você realiza principalmente para o seu benefício. Pode ser que, nesse processo, a outra pessoa também se beneficie. Mas o importante é entender que o perdão não é algo que fazemos para tentar influenciar o comportamento do outro. Você não perdoa na esperança de que, por causa disso, a outra pessoa mude o comportamento dela. Você perdoa porque quer mudar o seu – isto é, quer seguir em frente em vez de ficar preso ao passado. Se parar para pensar, verá que essa concepção é extremamente libertadora. Às vezes, ficamos enredados em pensamentos do tipo: "Ele não merece o meu perdão", ou "Só perdoo se ela mostrar que está arrependida". Ao fazer isso, colocamos nas mãos de outra pessoa o poder de controlar nossa paz de espírito e nossas emoções. É por isso que o perdão não pode ser condicionado pelas atitudes alheias. Perdoar é uma decisão sua e, como tal, não pode depender das atitudes do outro.

A reconciliação é outra história. A origem latina da palavra remete a "unir outra vez". Reconciliar-se significa fazer as pazes, reestabelecer um acordo, reatar o que foi rompido, retomar um relacionamento com a esperança de que aquilo que causou a dor não se repita. Isso envolve arrependimento, mudança e vontade. Arrependimento é a dor sentida pela dor causada, implicando, portanto, a intenção de não voltar a causar essa dor. Para que essa intenção se concretize, mudanças são necessárias. E, para que ocorram, deve existir a vontade. Mesmo que esses três elementos estejam presentes, é preciso lembrar que a reconciliação de um casal requer a concordância de ambas as partes – uma disposta a mudar, outra disposta a aceitar. Perdoar e pedir perdão são atitudes essenciais para que a reconciliação ocorra. Porém, lembre-se: mesmo quando a reconciliação não é possível, o perdão sempre é.

A CONSTRUÇÃO DE UM MILAGRE

Ele não é um adivinho, mágico ou cartomante, mas consegue prever com mais de 90% de precisão se o relacionamento de um casal vai durar ou acabar. Fundador do Laboratório de Pesquisa da Família da Universidade de Washington – também conhecido como "Laboratório do Amor" –, o dr. John Gottman é um dos pioneiros do estudo científico das relações amorosas. Ao longo de mais de quatro décadas, ele estudou milhares de casais, tendo acompanhado alguns por mais de vinte anos. É, portanto, a pessoa certa para responder àquela pergunta que todo mundo quer saber: qual é o segredo da felicidade no amor? Algumas de suas principais descobertas podem nos dar uma boa indicação. Para o dr. Gottman, uma importante diferença no modo como casais felizes e infelizes se relacionam é a maneira como lidam com o conflito. Mais especificamente, no equilíbrio entre interações positivas e negativas que ocorrem durante uma briga ou discussão. Os casais felizes apresentam aquilo que ele chama de sobreposição de sentimentos positivos – *positive sentiment override*, ou PSO, na sigla em inglês. No PSO, cada interação negativa é contrabalançada por cinco positivas. Os casais infelizes, por outro lado, em vez do PSO apresentam o NSO – *negative sentiment override* ou, em português, sobreposição de sentimentos negativos. No NSO, o número de interações negativas iguala ou até mesmo supera o número das positivas. Exemplos de interações negativas são aquilo que o dr. Gottman batizou de "Os Quatro Cavaleiros do Apocalipse". A expressão alude aos cavaleiros bíblicos que expressam os grandes flagelos impostos à humanidade: a fome, a peste, a guerra e a morte. No amor, porém, eles atendem pelos nomes de criticismo, defensividade, emparedamento ou obstrução e desprezo.

Criticismo é dar a entender que existe alguma coisa errada com o parceiro, algo como um "defeito" em sua personalidade, de modo que debater um problema acaba se transformando em um ataque global à identidade do outro. Em uma discussão, começar uma sentença com "Você sempre..." ou "Você nunca..." é um forte indicador de criticismo. A defensividade consiste em considerar um ataque pessoal qualquer coisa que o parceiro ou a parceira lhe diga e reagir colocando-se na posição de vítima ou partindo para o ataque, o que transforma o diálogo em um confronto. O emparedamento, ou obstrução, é aquela velha tática de "fazer-se de surdo" – ignorar a outra pessoa, recusar-se a interagir e deixá-la com a sensação de que está falando com as paredes. E o desprezo é a atitude de humilhar, menosprezar ou ridicularizar seu par, inclusive na frente de outras pessoas. O desprezo é considerado o mais mortífero dos quatro cavaleiros, e não sem razão. Pesquisas mostram que, em famílias nas quais esse sentimento é frequente, a incidência de doenças e de mortalidade precoce é maior. Os cavaleiros não deixam de ser mecanismos de defesa que usamos para nos proteger de agressões reais ou imaginadas. Mas seus efeitos são tão nocivos que eles devem ser controlados se você quiser proteger sua saúde e a de seu relacionamento. Para controlá-los é necessário recorrer às interações positivas a fim de restaurar a PSO – a sobreposição de sentimentos positivos. Mostrar-se interessado pela outra pessoa, expressar afeto e gratidão, demonstrar o quanto seu parceiro ou sua parceira é importante para você, apreciar e aceitar a perspectiva do outro são alguns exemplos.

No entanto, o que torna todas essas interações possíveis é o perdão. Ele ganha ainda mais relevância se considerarmos que, em seus estudos, o dr. Gottman se deparou com os "conflitos perpétuos". A expressão nasceu de uma constatação feita após décadas de estudos e de observação. Nada menos do que 69% dos conflitos de um casal são perpétuos, isto é, estão ligados a sonhos, valores e à própria identidade dos parceiros e, por isso mesmo, são recorrentes e nunca serão resolvidos. Os casais infelizes atribuem os conflitos perpétuos à teimosia ou a alguma outra suposta característica negativa do parceiro ou da parceira e ficam insistindo continuamente para ver quem consegue "dobrar" o outro. Os casais felizes, por sua vez, procuram encontrar o "sonho dentro do conflito". Sua abordagem é: "O que é tão importante que faz o outro lutar tanto assim por isso?".

Os conflitos perpétuos podem levar os parceiros a se entrincheirar em suas posições, uma vez que sua base são sonhos – nem sempre expressos claramente – e os valores do outro. Um exemplo típico: você se relaciona com uma pessoa introvertida, que preza o sossego e o silêncio, e quer porque quer que ela se torne mais sociável. Mais um exemplo: seu parceiro ou sua parceira ama a profissão, e você insiste que ele ou ela encontre outro trabalho capaz de gerar mais dinheiro e status, mesmo que isso implique fazer algo incompatível com sua personalidade, gostos e interesses. Dá para perceber o rumo desse dilema? Nesses casos, bater o pé é condenar-se à infelicidade ou à separação, pois, para o outro, ceder é percebido como o equivalente a abrir mão da própria identidade, da mesma forma que seria para você, se estivesse no lugar dele. O segredo para sair da trincheira é entender e honrar o sonho do outro, o que não é o mesmo que compartilhar. Embora os conflitos perpétuos não sejam resolvidos – é isso, afinal, que os torna perpétuos –, ao honrar o sonho um do outro, o casal abre caminho para administrá-los de maneira que controle e repare os danos ao relacionamento. Administrar os conflitos perpétuos e superar rapidamente os outros 31% que podem ser resolvidos é algo que só pode ser feito se o perdão for uma atitude constante. Observe o que as pesquisas têm a dizer. Nos relacionamentos íntimos, perdoar reduz a agressão psicológica (que pode ser resumida pelos Quatro Cavaleiros do Apocalipse) e estimula a proximidade e as atitudes reparadoras. O perdão também aumenta a satisfação e o compromisso com o relacionamento, promove uma comunicação mais construtiva e estreita os laços de afeto e de lealdade.

Com tantos benefícios, muitos podem achar que o perdão é um milagre. Se considerarmos seus efeitos, talvez até seja, mas ele pode ser construído. Nisso, todos os pesquisadores do perdão estão de acordo: ele é uma habilidade passível de ser treinada. As etapas desse treinamento foram bem delineadas no processo desenvolvido pelo dr. Luskin. O começo de tudo é ter uma consciência clara e articulada do que aconteceu, do que fez você se sentir como está se sentindo agora. E entender que o perdão é uma escolha que você faz para seu benefício: você está decidindo eliminar o rancor e impedir que ele se instale. Conforme vimos, o rancor e o ressentimento são alimentados pela ruminação, pelo incessante repisar daquilo que causou mágoa. Parar de ruminar não é tão fácil assim, mas há atitudes que podem ajudar. Por exemplo, recorrer a técnicas de meditação ou de relaxamento sempre que se sentir estressado ao reviver sua dor. Também ajuda mudar o foco para outras coisas que lhe interessam cada vez que a ruminação ameaçar sequestrar seus pensamentos. Como se dizia nos tempos dos álbuns de vinil, vire o disco! Perdoar envolve não esperar de uma pessoa aquilo que ela escolhe não dar a você, e, nesse momento, uma certa sensação de vazio ou de desamparo pode surgir. Para superá-la, busque um desafio, invista sua energia em um objetivo positivo e estimulante. Pare de desperdiçar sua vitalidade com o passado e comece a olhar para o futuro. E congratule-se! Aprecie seu valor. Afinal, pensando bem, perdoar é mais do que uma escolha – é uma escolha heroica.

O QUINTO PASSO DO SABÁTICO

Neste quinto passo do sabático, você vai adentrar o mundo do perdão e do amor. Esse é um passo crucial para o processo de regeneração e renovação que é a essência do sabático. Por isso, sugiro que comece com uma reflexão sobre as diferentes faces do ato de perdoar. O perdão interpessoal, do qual falamos até agora, é aquele no qual você perdoa a quem o ofendeu. O intrapessoal consiste em perdoar a si mesmo. Parece fácil? Por incrível que pareça, essa é, provavelmente, uma das formas mais difíceis que o perdão pode assumir. Quem avisa é o dr. Robert Enright, fundador do Instituto Internacional do Perdão. Pioneiro no estudo desse tema, ele diz que, quando fazemos algo que contraria nossos padrões, tendemos a adotar a devastadora atitude de não nos perdoarmos. O perdão intrapessoal é uma forma de sair da angústia à qual nós mesmos nos condenamos e de restaurar a própria humanidade.

Há, ainda, o perdão existencial, que ocorre quando perdoamos a própria existência – a vida, o Universo, Deus... – e paramos de culpá-las porque as coisas não aconteceram do jeito que queríamos. Há momentos nos quais culpamos o que está além de nós por aquilo que não podemos controlar. Nessas horas, recorremos a lamentos como: "Deus esqueceu-se de mim", "Viver é sofrer", "Não sou uma pessoa de sorte", "Tudo está contra mim", "Por que isso foi acontecer comigo?" – e por aí afora. Porém, embora a dor seja real, ao atribuir sua causa à vida ou a aspectos transcendentais da existência, alimentamos uma crença limitante que restringe nossa perspectiva e estimula o ressentimento. Se esse processo se aprofundar, caracteriza o tipo de pessoa que rotulamos de "amargurada" – alguém sem esperança, sem expectativas positivas e incapaz de confiar em si mesma, nos outros e na vida. Uma pessoa com esse perfil repele relacionamentos saudáveis, não gera bem-estar nem dele desfruta. Além disso, experimenta um desafio muito maior para praticar o perdão interpessoal, o intrapessoal e, também, para pedir perdão. Comece pensando sobre isso. Para poder perdoar os outros, você precisa aprender a perdoar a si mesmo e à vida. Só quando aprendemos a perdoar nos tornamos realmente livres.

1. CONECTAR

Conecte-se com o perdão. O que ele significa para você? O que mudou depois que você leu este capítulo? O que o tocou mais profundamente? Como você lida com a raiva e com a mágoa? O que você está fazendo para impedir que elas se transformem em ressentimento? Há algum episódio doloroso que volta e meia ocupa seus pensamentos? Sua escolha é se libertar e viver ou cultivar o sofrimento? Qual escolha você quer fazer agora? Anote ideias e *insights* no diário do sabático.

2. REGENERAR

Pense em um momento no qual você recebeu a dádiva do perdão. Não importa se foi na infância ou na idade adulta, se foi algo sério ou apenas uma travessura infantil. O que importa é que alguém o perdoou por alguma coisa e você se sentiu amado e acolhido. Conseguiu recuperar a sensação de ser perdoado? Pense agora em um momento no qual você perdoou alguém. Relembre o alívio de ter deixado para trás algo que não podia ser mudado. De permitir que a ferida cicatrizasse em vez de reviver a dor. Deixe-se inundar pelo bem-estar e pela paz proporcionados pelo perdão. Fique um pouco com essas sensações e anote no diário do sabático tudo o que achar necessário registrar.

3. PROJETAR

Imagine, agora, que hoje você vai ter um dia ideal. E, nesse dia ideal, você vai começar um processo de cura pelo perdão. Quem você precisa perdoar? O que você precisa perdoar? Prossiga. Você se compromete a cuidar melhor de si mesmo e parar de se torturar por um passado que não pode ser mudado? O que vai marcar esse compromisso? O que você vai fazer para desviar o foco da dor? Qual objetivo canalizará suas energias para o futuro? Anote as ideias e, depois, escreva uma frase que sirva de estímulo e de encorajamento para colocar o plano em ação.

DICA: DESENVOLVA UMA MENTALIDADE AFÁVEL

Conheci Donna Baumann quando cursamos juntas o mestrado em Psicologia Positiva Aplicada na Universidade da Pensilvânia. A passagem de Donna por lá resultou em um trabalho incrível. Em sua dissertação, ela desenvolveu o conceito de *gracious mindset*, ou, em português, "mentalidade graciosa ou afável". Nos dias de hoje, em que as redes sociais viraram zonas de guerra e opiniões divergentes são capazes de gerar reações exacerbadas e inimizades eternas, falar em mentalidade afável pode parecer deslocado. No entanto, talvez seja exatamente disso que precisamos. Adquirir uma mentalidade afável significa ter a coragem de fazer interpretações respeitosas em relação às intenções das outras pessoas. Ou seja: dar uma chance em vez de pensar o pior. Em geral, costumamos fazer o oposto disso. Pensamos: "Ele parecia irritado quando falou comigo? É porque estava descontando seus problemas em mim"; "Ela não atendeu quando eu liguei? Deve estar fazendo pirraça". A mentalidade afável propõe uma mudança radical dessa forma de pensar e de agir. A proposta é dar aos outros o benefício da dúvida, adotando uma interpretação respeitosa de suas intenções ou motivações em situações nas quais as vantagens superam os riscos. O que seria melhor e mais respeitoso? Pensar que seu parceiro não teve a intenção de soar irritado com você ou que ele estava descontando seus problemas? Achar que ela não atendeu o telefone porque não podia ou porque queria fazer pirraça? Esses são exemplos de situações nas quais, claramente, os ganhos de dar a alguém o benefício da dúvida superam possíveis riscos.

A mentalidade afável abre as portas para uma série de elementos que contribuem para fortalecer relacionamentos e aumentar o bem-estar. Por exemplo: civilidade, humildade, otimismo, perspectiva, confiança, cooperação, compaixão e sobretudo perdão, já que você está dando à ofensa que acredita ter sofrido uma proporção bem mais realista. Baumann nos diz que essa mentalidade deve ser praticada diariamente, de modo intencional e consciente. E o motivo é simples. O modo como interpretamos o comportamento dos outros é baseado em nossas perspectivas e experiências – o que significa que, em muitos casos, nossa interpretação pode estar equivocada. Mas, mesmo estando equivocada, ela influencia nosso comportamento futuro em relação às outras pessoas. E esse comportamento interfere no modo como as outras pessoas agem conosco. Experimente praticar a mentalidade afável. Antes de tirar conclusões negativas e precipitadas – especialmente em relação ao seu parceiro ou sua parceira –, pergunte-se se essa é uma forma respeitosa de interpretar as possíveis intenções do outro. Dê às pessoas o benefício da dúvida e observe o impacto disso em sua propensão a perdoar.

→ PALAVRA DE EXPERT ←

PERDÃO

"Quando resolvemos nosso sofrimento, não temos mais que passar essa dor adiante."

Fred Luskin, PhD e professor de Psicologia e diretor do Projeto do Perdão da Universidade Stanford.

Perdoar *é fazer as pazes quando não conseguimos o que queremos. Outro modo de dizer isso é fazer as pazes com a palavra "não". É o processo de ir da raiva e do desespero para a paz quando algo não dá certo. Para mim, essa é minha pequena maneira de ajudar o mundo. Pessoas demais usam suas feridas como desculpa para ferir os outros. Esquecem-se da humanidade dos outros quando estão perdidas no próprio sofrimento. Quando resolvemos nosso sofrimento, não temos mais que passar essa dor adiante.*

Minha esposa modelou o perdão em sua vida diária; ela raramente fica ofendida e tem compaixão por seu sofrimento e pelo dos outros. Ela em geral não leva ofensas para o lado pessoal, pois as vê como expressões de dor. Por ter autocontrole e praticar a compaixão, é raro contra-atacar a quem quer que seja, inclusive a mim. Eu a observei durante anos antes de começar a ensinar e a pesquisar o perdão. Ela não era um capacho e era capaz de ser assertiva. Por causa disso, com frequência éramos capazes de praticar formas positivas de resolução de conflitos. Era habitual me sentir seguro, pois ela quase nunca guardava rancor. Entretanto, nos momentos em que ficava chateada, eu sabia que provavelmente havia feito algo errado e era minha responsabilidade consertar.

Toda a minha carreira emergiu de uma situação dolorosa, na qual eu não podia perdoar. Durante anos, lutei e sofri devido à traição de um amigo próximo. Perdi a fé e a confiança nas pessoas. Foi a resolução dessa ofensa por meio do perdão que me levou a meu primeiro projeto de pesquisa. Isso não foi fácil e consumiu uma boa dose de tempo e de sofrimento. Para minha dissertação, tentei descobrir se o que havia funcionado para mim funcionaria para outros. Desenhei um teste randômico de meus métodos, e ele foi muito bem-sucedido, em um tempo em que quase não havia pesquisa sobre perdão. Em seguida, minha dissertação serviu como um estudo-piloto para a única ocasião em que alguém financiou uma pesquisa sobre o perdão. Por causa daquele piloto, obtivemos uma das maiores bolsas.

Se quiser aprender a perdoar, pratique primeiro com pessoas de quem você gosta. Trabalhe as desavenças e as feridas com familiares e amigos com os quais quer manter um relacionamento. Esse é o uso mais importante do perdão... Reparar e manter nossas relações importantes intactas. Assim como ensaiamos o que vamos dizer para lidar com as desavenças, também podemos ensaiar e praticar o perdão mentalmente. Comece com as pequenas ofensas e, com a prática, parta para as grandes. Não há pressa. Perdoar é uma habilidade a ser aprendida como qualquer outra. Lembre-se de ser gentil consigo mesmo. A vida pode ser dura, e as pessoas podem ser egoístas e imprevisíveis. Não precisamos conduzir as coisas com perfeição. Podemos aprender com a experiência.

PASSO 6

SUPERAÇÃO:

QUAL É O SEU "FATOR X"?

O CÓDIGO DAS GUERREIRAS

Tee Marie Hanible ainda não tinha completado 1 ano quando seu pai foi assassinado em uma rua de Chicago. Quando o serviço social levou a pequena Tee para ser criada por uma família adotiva, a mãe biológica prometeu que iria reaver a filha tão logo conseguisse reorganizar sua vida – o que nunca aconteceu. Apesar do apoio dos pais adotivos, Tee chegou à adolescência dividida entre a mágoa e a raiva. Esse período tumultuado não anunciava um futuro promissor. Passagens pela polícia, excesso de álcool e envolvimento com uma gangue foram apenas alguns dentre vários percalços que culminaram com a expulsão da escola. Como último recurso, Tee foi enviada para uma instituição de ensino que adotava um estilo militar – uma espécie de última chance para jovens cujas chances já estão se esgotando. A disciplina severa e a súbita mudança de rotina não foram fáceis para Tee – ela nunca se sentiu tão sozinha em toda a vida. Para alguém acostumada a seguir seus impulsos e fazer o que bem entendesse, viver sob a disciplina militar foi um choque e tanto. Confusa e sem perspectivas, a pergunta que se impunha era: continuar ou desistir? A resposta está no que aconteceu com Tee depois da passagem por essa escola. Ela decidiu alistar-se no Corpo de Fuzileiros Navais dos Estados Unidos, um grupo de elite que reúne os melhores entre os melhores. Com um histórico como o dela, nada indicava que estivesse à altura do desafio que a aguardava. No entanto, Tee formou-se após passar pelo temido Marine Corps Crucible, ou "Cadinho" do Corpo de Fuzileiros. Cadinho – o recipiente usado para derreter metais – fornece uma boa ideia do que essa prova de resistência física e mental representa. São mais de dois dias consecutivos de simulações de combate, marchas, exercícios militares e privação do sono, em um ambiente o mais próximo possível de uma situação real de batalha. A exemplo do metal sendo fundido e se transformando em algo extremamente resistente, o objetivo do Crucible é formar soldados capazes de superar todo tipo de dificuldade. Por isso, apenas os que conseguem chegar ao fim se tornam fuzileiros. Tee conseguiu. Esse foi o início de uma carreira de quase vinte anos nas Forças Armadas.

Primeira mulher a participar de uma missão de combate no Iraque, Tee acumulou recordes, prêmios e condecorações – ao deixar o Corpo de Fuzileiros, já havia chegado ao posto de sargento de artilharia. Em sua vida pós-exército, Tee ficou conhecida do público ao atuar como consultora de um *reality show* da TV americana. Também se tornou uma bem-sucedida empreendedora social. Uma de suas frentes de batalha é ajudar mulheres a encontrar um propósito. Outra é recrutar integrantes e veteranos das Forças Armadas para atuar como mentores de jovens em situação de risco

– como ela própria foi um dia. Tee conta sua incrível experiência de vida no livro *The Warrior Code* [O código do guerreiro, sem edição em português]. Nele, a ex-fuzileira afirma que ninguém nasce com escudo e espada nas mãos. Nós nos tornamos guerreiros quando empregamos a coragem, a disciplina e as nossas forças para vencer as batalhas que a vida nos apresenta. Assim, o princípio número um do código do guerreiro que ela elaborou com base em sua experiência é: improvise, adapte-se e supere – tenha garra!

Isso nos leva de Chicago, Illinois, para a Filadélfia, na Pensilvânia, para conhecer mais uma mulher. Angela Duckworth nunca pegou em armas nem entrou para o exército. No ambiente doméstico, sua principal dificuldade era lidar com os pais, um casal de imigrantes chineses que exigiam nada menos do que o máximo no que dizia respeito ao desempenho acadêmico da filha. Angela encarou o desafio. Depois de formar-se com honras no curso de Neurobiologia Avançada em Harvard, distinguiu-se, também, nas universidades de Oxford e da Pensilvânia, acumulando diversas realizações acadêmicas que culminaram com uma bolsa de estudos da MacArthur Foundation – concedida a pessoas muito especiais, que representam uma esperança para a sociedade. Por essa época, uma pergunta que já vinha sendo feita desde o século XIX pelo filósofo e psicólogo William James rodeava o pensamento de Angela. Por que, questionava James, algumas pessoas usam apenas uma pequena parte de seus recursos enquanto alguns poucos indivíduos excepcionais vão além dos seus limites? Os estudos de Angela apontavam para uma resposta: *grit*, que pode ser traduzido como "firmeza de caráter", "determinação" ou "garra". Mas é muito mais do que isso.

Para Angela, *grit* – ou garra – é a perseverança e a paixão para atingir objetivos de longo prazo. O caminho que a levou a essa conclusão envolveu inúmeras pesquisas. Analisando pessoas com o mesmo nível de inteligência e vindas de contextos semelhantes, ela verificou que algumas conseguiam ser bem-sucedidas, e outras, não. Por quê? A resposta começou a ficar mais clara quando ela acompanhou um grupo de candidatos à academia militar de West Point, a mais célebre, tradicional e exigente dos Estados Unidos. Os candidatos selecionados eram a elite da elite em termos de capacidade física e mental. No entanto, após serem submetidos ao Crucible, alguns continuavam, enquanto outros desistiam. Ao aplicar um teste para verificar o nível de *grit* dos cadetes, Angela descobriu o que faz a diferença. Os que não desistiam eram exatamente os que possuíam níveis mais elevados dessa característica – e, aqui, as histórias de Angela e Tee se cruzam. Tee, que incluiu a garra em seu princípio número um do código do guerreiro, personifica exatamente o que Angela tinha em mente ao desenvolver esse conceito. Angela nos diz que o *grit* estimula as pessoas a lutar exaustivamente para superar desafios. E também a manter o esforço e o interesse até mesmo durante anos, apesar dos fracassos e das adversidades.

Você já deve ter concluído que ter garra é essencial para a superação. E esse é o tema a ser explorado no sexto passo do sabático. Ao desenvolver o *grit*, você também começa a trazer à tona sua autossupremacia – a capacidade de desbloquear o seu potencial e ser a melhor pessoa que pode ser. Estou falando do seu "fator X", daquilo que o torna especial e único, apto a utilizar todos os seus recursos para enfrentar o que der e vier. Tee Hanible já entrou em combate com inimigos ferozes e aguerridos, enfrentou tiros, granadas e explosões. Contudo, ela não hesita em afirmar que nossos piores inimigos estão dentro de nós: o medo, a preguiça, a raiva, o ego e a teimosia – apenas para citar alguns. Eu acrescentaria, também, o desânimo e o desespero, e tudo aquilo que nos leva ao anseio profundo pelo poder regenerador do sabático. Esse poder está à sua disposição, desde que você se disponha a identificar e eliminar os obstáculos que estão no caminho da sua realização. Neste capítulo, você vai descobrir como esses obstáculos podem ser superados. Mas, antes disso, prepare o terreno. Encare esta pergunta e responda com toda a sinceridade: qual é o inimigo interno que você precisa superar?

NEM SEMPRE NA MODA, MAS SEMPRE ATUAL

Angela Duckworth ficou conhecida por seus estudos sobre *grit*, mas esse não é o único foco de suas pesquisas. Ele é uma entre duas características que, para Angela, são capazes de indicar se teremos sucesso ou não. A outra é o autocontrole – a regulação voluntária dos impulsos que afetam comportamentos, emoções e atenção. O *grit* nos dá a força e a perseverança necessárias para perseguirmos objetivos desafiadores ao longo de anos – ou até mesmo de décadas. Já o autocontrole nos ajuda a vencer as "tentações", ou seja, tudo aquilo que coloca à prova uma decisão tomada. Por isso, o autocontrole atua em uma escala de tempo bem mais reduzida. Afinal, as tentações ocorrem a cada hora, ou mesmo a cada minuto. *Grit* e autocontrole acabam se entrelaçando – ambos são necessários, conforme você verá a seguir.

Você acha que tem *grit*? Gostaria de ter mais? Ele pode ser desenvolvido ou aumentado. Porém, o ponto de partida é: persiga seus interesses. É fácil entender o motivo. Pense um pouco na definição de *grit* – perseverança e paixão para atingir objetivos de longo prazo. Como sustentar o esforço quando você não gosta do que faz? Ter garra implica sentir muito desejo e vontade de fazer ou obter alguma coisa. E tanto o desejo quanto a vontade estão ligados à ativação, que é um estado em que o indivíduo está fisiológica e psicologicamente desperto, alerta e atento. Quando somos "ativados", uma série de reações ocorre no corpo. A ativação de certos neurônios aumenta a produção de cortisol e, consequentemente, o estado de alerta. O sistema nervoso autônomo, que regula as funções corporais, e o sistema endócrino, que regula a produção de hormônios, são acionados. Os batimentos cardíacos ficam mais rápidos, a pressão arterial sobe, e entramos num estado de alerta e de prontidão. Nós nos sentimos energizados, e é esse o estado que nos faz entrar em ação. O que aciona a ativação é o estímulo, e um objetivo pode assumir esse papel, desde que represente algo importante para você. O nível de ativação que o seu objetivo lhe provoca é uma parte fundamental do processo. Mas não é tudo. Por mais que sua meta seja estimulante, vários dos passos necessários para atingi-la podem não ser. Pense, por exemplo, em um jogador de futebol que adora disputar partidas, no entanto não gosta muito dos treinos. O que vai acontecer se ele arrumar desculpas para não treinar? E como ele vai ter garra para fazer uma coisa de que não gosta?

Quem esclarece essas questões são os pesquisadores Edward Deci e Richard Ryan, da Universidade de Rochester, que desenvolveram a teoria da autodeterminação, propondo um modelo sistêmico para entendermos a motivação humana. E autodeterminação é um fator crucial para desenvolver garra.

A autodeterminação é o ato de escolher e decidir por si mesmo e de iniciar ações por vontade própria. Uma pessoa que possui um alto nível de autodeterminação tende a ser, também, uma pessoa intrinsecamente motivada, ou seja, cujo ânimo para realizar seus objetivos vem dela própria. Ou, ainda, é a escolha e a decisão de fazer uma atividade pela satisfação que ela oferece, e não por suas possíveis consequências. Pense em algo que você escolhe fazer pelo prazer que isso lhe dá, uma atividade à qual você se entrega porque adora realizá-la – nesse momento, você está intrinsecamente motivado. Se a motivação não é intrínseca, ela é extrínseca. Ou seja: vem de fora. A motivação extrínseca, no entanto, não é prazerosa. Você faz alguma coisa não porque gosta, mas porque precisa fazer. Nesse caso, a melhor forma de manter a motivação é associá-la a seus valores. É pensar no quanto isso é importante para que possa atingir algo maior. Então, em vez de dizer "sou obrigado a fazer isso", você diz "faço isso porque é melhor para mim".

Associar a seus valores aquilo que você não sente prazer em fazer, mas precisa, é um passo importante para desenvolver a persistência, que é um elemento básico tanto do *grit* quanto da autorregulação – a capacidade de administrar o próprio comportamento. E isso não é nada fácil, pois a autorregulação gera estímulos conflitantes. Por exemplo, você decidiu entrar em forma e levar uma vida mais saudável. Para isso, é preciso acordar mais cedo para ir à academia antes do trabalho. Aí, de repente, o despertador toca quando você está no melhor do sono. Você sabe que precisa ir para a academia, mas... seria tão bom continuar a dormir... Aí começa a briga. Uma parte de você diz que é necessário ir, enquanto a outra quer dormir mais um pouco. Esse é um típico exemplo de um estímulo conflitante gerado pela autorregulação. Acordar mais cedo do que de costume para fazer uma coisa que você não está acostumado a fazer exige mudança de hábito. Para que um novo hábito se consolide – acordar mais cedo para ir à academia, parar de comer doces, deixar de conferir as mensagens o tempo todo, ou qualquer outro inimigo interno que deva derrotar –, não basta fazer uma vez só. A mudança de hábitos exige repetição para que novas sinapses se formem no cérebro. A repetição, por sua vez, exige persistência. E a persistência demanda força de vontade.

Você pode se espantar ao ouvir essa expressão. No mundo de hoje, no qual estamos acostumados às gratificações imediatas, falar em força de vontade pode parecer antiquado, típico conselho de avós. Mas, independentemente de estar na moda, a força de vontade permanece mais atual do que nunca – virou até objeto de estudos acadêmicos. Um dos principais estudiosos do assunto é Roy Baumeister, da Universidade Case Western Reserve, que explica que a força de vontade é a habilidade de adiar gratificações imediatas e resistir a tentações para atingir seus objetivos de longo prazo. Esse é um dos motivos pelos quais tanta gente falha ao tentar alcançar seus objetivos. Será que você nunca se pegou pensando: por que deixar de comer essa fatia de bolo agora para perder dez quilos durante um ano? Ou, então, por que deixar de comprar um celular novo agora para juntar dinheiro para um carro novo daqui a seis meses? Se você não cedeu a essas tentações, a força de vontade o fez dizer "não" às coisas que você sabia que o afastariam do seu objetivo, mesmo que morresse de vontade de dizer "sim". Essa habilidade, alimentada pela força de vontade, é o autocontrole – o segundo tema de estudo de Angela Duckworth. É claro que não é fácil desenvolvê-la. Mas vale a pena tentar. O autocontrole é um poderoso indicador de conquistas acadêmicas, liderança eficaz e satisfação nos relacionamentos. E pessoas com força de vontade são mais felizes, satisfeitas em suas relações e mais capazes de controlar o estresse. São melhores em superar adversidades e solucionar conflitos. E, também, em ganhar dinheiro e fazer a carreira avançar.

A força de vontade é como um músculo: quanto mais você exercitar, mais forte ela fica. Mas, como todo músculo, chega um ponto em que ela pode "cansar" de tanto ser exercitada, provocando o chamado esgotamento do ego – um estado no qual você já não consegue evocar a força de vontade para mais nada. E, sem a força de vontade, dê adeus à persistência, ao autocontrole e à garra. No entanto, existem alguns pontos que você pode trabalhar para aumentar sua força de vontade e reduzir os riscos do esgotamento do ego – ou se recuperar mais rapidamente caso ele ocorra. O primeiro é ter clareza em relação ao seu objetivo – quanto mais vagas e imprecisas forem suas metas, mais difícil será manter a força de vontade. Afinal, que diferença faz comer uma feijoada hoje e um bolo de chocolate amanhã, se você nem sabe quantos quilos quer perder e em quanto tempo? Outra atitude é planejar seus objetivos e organizar sua agenda e sua rotina de acordo com eles. Assim você evita uma das principais causas do esgotamento do ego, que é tomar decisões a toda hora. Você vai à balada com os amigos ou vai juntar dinheiro para trocar de carro? Ter tudo planejado – e, é claro, aderir ao plano – evita que você fique se debatendo naquele estressante "vou ou não vou?". Outra forma de fortalecer a força de vontade consiste em evitar testá-la inutilmente, ou seja, sem tentações. Você sabe que está lidando com tentações quando, diante de uma escolha, começa a pensar coisas como: "Que mal faz? Por que tenho de fazer isso agora?". E o clássico: "É só dessa vez, eu juro que é só dessa vez!". No fundo, sabemos como evitar tentações. Se você precisa se concentrar para terminar um trabalho, não deixe o celular por perto. Se precisa parar de beber, não ande com pessoas que bebem demais. Se você precisa economizar, passear no shopping não vai ajudar. Descubra qual é a tentação que está pondo seus esforços a perder e tome a decisão de evitá-la. Substitua-a por alguma outra coisa que lhe dê prazer, mas que não comprometa seus planos. Você vai ver que, assim, fica bem menos difícil recuperar a garra e a força de vontade. Lembre-se: são elas que o levarão para onde você realmente quer estar.

O SEXTO PASSO DO SABÁTICO

Neste sexto passo do sabático, você vai se conectar com aquilo que o torna realmente resiliente, com o seu "fator X", com a fonte da sua autossupremacia. A resiliência é um elemento-chave para a superação. Existem dois tipos de resiliência, que são, de certa forma, complementares. A resiliência física é a capacidade de o corpo humano se adaptar a desafios crescentes mantendo a estamina e a força. Somos fisicamente resilientes quando o corpo consegue resistir às doenças e ao estresse e se recupera rapidamente quando é afetado por eles. O outro tipo de resiliência é a psicológica. O conceito vem da física e se refere à capacidade que certos materiais possuem de recuperar a forma original depois de serem submetidos à pressão. Da mesma forma, a metáfora que costuma ser usada para explicar a resiliência psicológica é a do elástico, que volta à forma original depois de ser esticado. Quem possui resiliência psicológica consegue se adaptar a situações estressantes e adversas, saindo das dificuldades mais forte e competente. O Children's Institute, organização americana dedicada ao bem-estar infantil, define a resiliência psicológica como uma característica daqueles que se engajam na vida com esperança e bom humor, apesar das perdas.

E, já que mencionamos o bem-estar infantil, foi justamente um garoto de 9 anos que inspirou o início dos estudos sobre resiliência.

Norman Garmezy, da Universidade de Minnesota, é um dos pioneiros do estudo sobre esse tema. Em quarenta anos de pesquisas, ele estudou a resiliência em milhares de crianças. Mas uma em especial ficou em sua memória. Era um menino que, apesar da pobreza e das condições familiares difíceis, sempre mantinha um sorriso no rosto. Nesse garoto, e em outros como ele, o pesquisador identificou características de sucesso e de superação, tendo como base a resiliência – a capacidade de dar a volta por cima. A manutenção ou o aumento da resiliência física requerem a adoção de um conjunto de comportamentos que constituem a chamada "vida saudável": atividade física regular, alimentação adequada, tempo para descanso e lazer e o uso de estratégias para controlar o estresse.

Já a resiliência psicológica está ligada ao que Martin Seligman chama de estilos explanatórios – isto é, o modo como explicamos a nós mesmos as adversidades que enfrentamos. Quando nos sentimos desamparados para lidar com as dificuldades e as vemos como permanentes, globais, considerando-as "nossa culpa", nosso estilo explanatório é pessimista. Quando sentimos que temos poder para superar os reveses e os vemos como temporários, localizados e achamos que eles não necessariamente acontecem por nossa culpa, nosso estilo explanatório é otimista. É por isso que aumentar o otimismo é, também, um modo eficaz de aumentar a resiliência psicológica. E aqui vai uma dica do que você pode fazer para aumentar tanto o otimismo quanto a resiliência: questione as crenças limitantes que o fazem duvidar de sua capacidade. Quando se pegar pensando coisas como "Eu não sou capaz" ou "Eu não consigo", pergunte-se: "O que eu ganho pensando assim?". Troque esse tipo de afirmação mental por outras mais úteis e fortalecedoras. Esse é o caminho para um dos frutos mais importantes da autossupremacia: os picos de performance.

O conceito foi desenvolvido por Charles Garfield, integrante do time da Apolo 11, a missão espacial que levou o homem à Lua pela primeira vez na história. Pico de performance é a habilidade de um indivíduo, time ou organização de exibir e sustentar uma performance consistentemente elevada por um determinado período.

Quem realiza isso é chamado de *peak performer*. Se você está querendo turbinar sua carreira, saiba que, no mundo organizacional, profissionais que apresentam picos de performance são altamente valorizados. Em um trabalho de baixa complexidade, um *peak performer* é capaz de produzir 19% a mais do que os outros. Em um trabalho de alta complexidade, ele pode produzir 48% a mais. E, nas vendas, a produtividade é de 40% a 120% superior. Além disso, na vida pessoal e familiar, um *peak performer* consegue fazer mais e se desgastar menos. Já vimos alguns ingredientes para apresentar picos de performance em capítulos anteriores: ter um propósito e uma missão pessoal motivadora e saber nutrir bons relacionamentos. Outros nós vimos aqui, como o planejamento e a capacidade de autorregulação. Há, ainda, mais um ingrediente, que é buscar resultados em tempo real. Ou seja: sempre fazer alguma coisa capaz de deixar você mais perto dos seus objetivos. Assim fechamos um ciclo no qual desenvolvemos a força de vontade, a perseverança e a capacidade de administrar nossos comportamentos para aumentar a garra, superar obstáculos e ter uma performance que faça jus a nosso potencial. E dessa maneira, finalmente, temos aquilo que é preciso para transformar sonhos em realidade.

1. CONECTAR

Conecte-se com o guerreiro ou a guerreira que há dentro de você. Busque aquela pessoa que vai à luta, rompe limites e supera obstáculos com muita garra. Pense em um momento da vida no qual você superou uma barreira que parecia intransponível. Reviva as emoções que esse momento lhe trouxe. Depois, anote ideias e *insights* no diário do sabático.

2. REGENERAR

Há alguma dor ou mágoa que você precisa curar? Há algo que faz com que você se sinta derrotado, inadequado ou em dúvida quanto à própria capacidade? Deixe que as emoções que você sentiu ao evocar o seu momento de garra e superação mostrem o caminho para superar esses sentimentos negativos e veja a si mesmo sob uma nova e fortalecedora luz. Fique um pouco com essas sensações e, depois, anote no diário do sabático tudo o que achar necessário registrar.

3. PROJETAR

Imagine, agora, que hoje você vai ter um dia ideal. E, nesse dia ideal, você vai escolher um pequeno hábito que não lhe traz nenhum proveito e começar a mudá-lo. O que você pode fazer para iniciar hoje esse processo de mudanças? O que vai marcar sua decisão e seu compromisso consigo mesmo? Escolha algo simples para usufruir da alegria da vitória. Anote suas ideias e, depois, escreva uma frase que sirva de estímulo e encorajamento para colocar o plano em ação.

DICA: ORGULHO E PERSEVERANÇA

Uma força extra para aumentar sua garra pode vir do orgulho. Refiro-me ao orgulho autêntico, sobre o qual falei um pouquinho no primeiro capítulo. O orgulho está entre as emoções positivas que Barbara Fredrickson, a grande especialista no assunto, classificou entre as dez principais. A realização, que é um dos pilares do bem-estar, envolve objetivos realistas, conquistas importantes e sentir orgulho de si mesmo. Sem ele, nossa autoestima e autoconfiança caem e, consequentemente, perdemos a garra.

Mas, vale frisar, não podemos confundir orgulho com arrogância ou soberba. No contexto das emoções positivas, vamos falar do que Jessica Tracy, da Universidade da Colúmbia Britânica, chama de "orgulho autêntico". Trata-se da confiança em si mesmo, construída com base nas realizações pessoais. Há mais de um século, Charles Darwin incluiu o orgulho em seu modelo evolucionário das emoções. Agora, descobertas empíricas apoiam a tese darwinista de que o orgulho é crucial para as necessidades humanas de status e de aceitação, portanto, exerce um papel evolutivo. A hipótese é que, ao contribuir com a sua comunidade e ser reconhecida por isso, a pessoa se sentia recompensada, o que a estimulava a continuar contribuindo a fim de garantir sua posição e sua aceitação pelo grupo. Especialista no estudo dessa emoção, Jessica Tracy diz que o orgulho é uma emoção autoconsciente que alimenta nossas realizações mais significativas – tanto as cotidianas quanto as que são capazes de mudar nossa vida. Experimentamos o orgulho quando dirigimos a atenção para dentro de nós e fazemos uma autoavaliação. O orgulho emerge como emoção positiva quando o resultado dessa avaliação é satisfatório. Em outras palavras, ele emerge quando você percebe sua representação de si mesmo e se ajusta aos objetivos que estabeleceu para a sua identidade, e estes são o que você tem de mais precioso, pois caracterizam a pessoa que você quer ser. Experimente a sensação de orgulho autêntico evocando uma conquista passada que foi muito importante para você. Relembre com detalhes essa grande realização e permita-se sentir orgulho genuíno de algo que você fez por merecer. Inspire profundamente e coloque a mão sobre o coração. Sinta o orgulho fazendo você vibrar enquanto vai soltando o ar. Fique com essa força muito viva e presente dentro de você para usá-la em novas conquistas.

A lembrança de realizações passadas também pode ajudá-lo a manter a perseverança – se você persistiu e conseguiu, significa que vale a pena perseverar. A mentalidade perseverante é expressa por uma frase de Martin Luther King Jr.: "Se não puder voar, corra. Se não puder correr, caminhe. Se não puder caminhar, arraste-se. Faça o que fizer, você tem que continuar se movendo para a frente". Mas ela também envolve um hábito – a pessoa perseverante não persevera só de vez em quando, mas sempre. Outra coisa importante: a perseverança está ligada ao desenvolvimento de competências, conhecimentos e habilidades necessários para superar obstáculos – do contrário, não estamos falando de perseverança, mas de teimosia ou obstinação, e de um esforço que nem sempre é bem direcionado ou aproveitado. Descubra o que você precisa aprender para realizar aquele seu grande sonho e aprenda o quanto antes. Alimente sua perseverança, e ela o levará cada vez mais longe.

→ PALAVRA DE EXPERT ←

RESILIÊNCIA E SUPERAÇÃO

"Resiliência se traduz em cada pessoa que conheci que apanhou – ou até levou uma surra – da vida e ainda encontra uma razão para se levantar a cada manhã."

Jennifer Cory, psicoterapeuta e codiretora do programa de Certificação em Psicologia Positiva Aplicada no NY Open Center.

Resiliência é a flor que irrompe do chão para florescer mais uma vez após um longo e frio inverno; é a árvore que cresce do galho deixado para trás após a violência da tormenta. Resiliência é a mãe que, diante da dor avassaladora da perda de seu amado filho, diz: "A morte nos roubou uma vida preciosa, mas não roubará de nós que ficamos o resto de nossa vida". Resiliência se traduz em cada pessoa que conheci que apanhou – ou até levou uma surra – da vida e ainda encontra uma razão para se levantar a cada manhã, não apenas para sobreviver, mas para se reengajar com a vida em seus níveis mais profundos e recompensadores.

A resiliência é feita de fatores biopsicossociais e culturais que permitem a um indivíduo, família, comunidade ou sistema adaptar-se, ou até mesmo crescer, diante da adversidade. Ela não é binária, no sentido de que ou é algo que você tem ou não, algo com o qual você nasceu ou não. Em vez disso, a resiliência é uma combinação de fatores sociais, emocionais, ambientais, genéticos e pode variar em áreas diversas da vida ou em épocas diferentes.

Por exemplo, você pode ser mais resiliente no trabalho do que nos relacionamentos, mais resiliente na maturidade do que na juventude. Não é uma característica fixa, mas algo que pode ser desenvolvido e evoluir, fortalecendo-se como ocorreria com um músculo.

A resiliência é uma constelação de forças, competências e suportes externos que nos tornam capazes de nos adaptar, de superar e de perseverar diante de um trauma agudo ou de um estresse crônico. Ser resiliente não significa ausência de sofrimento. Você pode ficar arrasado com um acontecimento, experimentar ansiedade, depressão ou mesmo TEPT (transtorno do estresse pós-traumático) e ainda ser resiliente (fazendo o que precisa ser feito para alimentar a família!). Ser resiliente significa cair sete vezes, mas levantar-se oito. É, de acordo com Ann Masten, pesquisadora do conceito de resiliência, a capacidade de qualquer sistema dinâmico de se adaptar com sucesso aos eventos que ameaçam a viabilidade, a função ou o desenvolvimento desse sistema.

Há muitas figuras-chave na história que foram modelos de resiliência para mim: Viktor Frankl, Martin Luther King Jr., Gandhi, Rosa Parks, Nelson Mandela, Malala Yousafzai; todos passaram por grandes provações e, ainda assim, reergueram-se para perseguir uma missão. Esses são exemplos maravilhosos de resiliência no mundo. Há exemplos menos conhecidos, mas igualmente poderosos, em nossa vida pessoal. No que me diz respeito, penso em minha querida amiga Daree Preim Rose, que enfrentou um grande sofrimento e uma doença incurável que a levou a uma morte prematura e encarou tudo isso com incrível garra, graça e gratidão pela dádiva da vida. Há também minha mãe, que lutou contra a depressão pela maior parte da vida e, mesmo assim, fez de sua missão estar presente para seus filhos, netos, amigos, vizinhos e comunidade de todas as maneiras possíveis ao longo da vida. Tenho sido uma estudante de resiliência desde a adolescência e li incontáveis histórias de pessoas se reerguendo em meio a todo tipo de tragédia e provação que se possa imaginar. Logo, tenho centenas de modelos em meu repertório.

Entre as histórias mais pessoalmente inspiradoras que encontrei está a de Alessandro Zanardi, piloto italiano de Fórmula Indy e Um que sofreu um acidente devastador em 2001, no qual perdeu ambas as pernas – um evento capaz de transformar profundamente a vida de qualquer pessoa, sobretudo a de um piloto profissional de corridas. Dois anos após o acidente, Zanardi retornou às corridas de carro como o único piloto duplamente amputado da história do esporte, e continua a competir até hoje (mais recentemente, na corrida de 24 horas de Daytona, em janeiro de 2019). Além disso, começou a competir em ciclismo manual, em sua primeira corrida apenas trinta dias após aprender o esporte e obter sua primeira bicicleta adaptada. Nessa corrida, ele chegou em quarto lugar e competiu em duas Paraolimpíadas (2012 e 2016), nas quais ganhou um total de quatro medalhas de ouro. Alessandro Zanardi é apenas uma das versões do que é possível diante da perda, da dor, do sofrimento e dos reveses de experiências capazes de alterar a vida. Nem todos aspiramos a tais alturas (Zanardi é um exemplo notável de vitória em múltiplos domínios), mas podemos usar sua experiência como uma lembrança da ilimitada capacidade do espírito humano e despertar toda a vasta gama de possibilidades dentro de nós mesmos.

PASSO 7

REGENERAÇÃO E INOVAÇÃO: AS CHAVES PARA A FELICIDADE

A PELE QUE HABITAMOS

Situada em uma região conhecida como Chifre da África, no extremo oriental do continente africano, a Etiópia evoca a mítica rainha de Sabá, que encantou o rei Salomão no Antigo Testamento. Para Daniel, porém, esse era o lugar no qual ele nasceu e onde vivia como muitos jovens, em outras partes do mundo: ocupado em dividir seu tempo entre os estudos acadêmicos e o atletismo. Assim era a vida para ele até eclodir a guerra entre a Etiópia e sua vizinha ao norte, a Eritreia. Como o país então considerado inimigo era a terra natal de seus pais, a família toda foi deportada. E Daniel passou a viver como muitos jovens, em outras partes do mundo: ocupado em sobreviver à guerra e a seus horrores. Quando, anos depois, chegou à costa italiana na condição de refugiado, Daniel era uma pessoa destruída. Os sintomas não delineavam um quadro alentador. À insônia, alternavam-se os pesadelos. Lembranças que retornavam como *flashbacks* intermitentes de sua temporada no inferno o deixavam irritadiço, agitado, exausto. Seu estado emocional era caótico. Daniel mergulhara em um vórtice que o fazia oscilar entre a raiva e a vergonha, entre a depressão e os pensamentos suicidas. O passado era doloroso, o presente, um vácuo, e o futuro, uma impossibilidade. Ao ser enviado pelo serviço social romano à psicóloga italiana Monica Luci, seu diagnóstico foi incisivo: Daniel sofria de transtorno do estresse pós-traumático, ou TEPT.

Drauzio Varella o define como um sério distúrbio de ansiedade que pode acometer quem sofre ou presencia atos de violência. Como em um episódio da série de ficção científica britânica *Black Mirror*, no qual os personagens são condenados a reviver eternamente um momento devastador, a pessoa com TEPT torna-se prisioneira do passado. Ela não apenas se lembra do evento traumático, mas o revive como se tudo acontecesse de novo: a dor, o sofrimento e todo o peso de uma violência indizível que nenhum ser humano deveria ter de enfrentar. Esse fenômeno, bem mais intenso do que a ruminação da qual falamos no quinto capítulo, recebe o nome de revivescência e tem o poder de desencadear mudanças neurais, fisiológicas e mentais. Drauzio afirma que entre 15% e 20% das pessoas que experimentaram situações que vão da violência urbana às guerras e catástrofes – naturais ou não – acabam por desenvolver TEPT. Daniel fazia parte dessa estatística quando seu caminho e o de Monica Luci se cruzaram na capital italiana. Em um artigo comovente publicado em 2017, que recebeu o prêmio Michael Fordhan pela abordagem criativa e original, Monica relata todo o esforço empreendido para trazer Daniel de volta à vida. A esse trabalho, ela deu o nome de "regeneração da pele psíquica".

Mas, antes de falarmos da pele psíquica, vamos falar um pouco da pele física. A pele é o maior órgão do corpo humano. Ao longo da vida, ela se renova constantemente. Para ser mais precisa, a cada 28 dias, dependendo da idade e das condições de saúde, todas as células da epiderme – a camada mais superficial da pele – são substituídas. Esse contínuo processo de regeneração permite que a pele respire e transpire, absorva e elimine, mediando o contato entre o interior e o exterior e facilitando funções vitais como a respiração, a circulação, a digestão e várias outras. É por meio da pele que, ao nascermos, se dá nossa primeira conexão com o mundo – o contato da pele da mãe com a do bebê é fundamental para o desenvolvimento emocional, cognitivo e social do recém-nascido. A pele afeta, também, o modo como nos comunicamos. Roxo de raiva, verde de fome, vermelho de vergonha, branco de susto... Esses são apenas alguns exemplos de como "lemos" uns aos outros pelo que a pele expressa. Nesse contexto, a pele psíquica é uma metáfora para a capacidade psicológica que a psique tem de delimitar o que experimentamos internamente e o que experimentamos externamente, o mundo dentro de nós e o mundo lá fora. É, ao mesmo tempo, um ponto de contato e um filtro. Uma pele psíquica saudável permite se relacionar de modo prazeroso com as outras pessoas, protegendo seu espaço interior quando você se sente invadido ou exposto. Se essa função reguladora for afetada, relacionar-se torna-se tão difícil quanto ficar em paz consigo mesmo. Por aí já dá para imaginar as vicissitudes de Daniel, e por que seu processo terapêutico se concentrou na regeneração de sua pele psíquica.

Regenerar significa construir novamente, restaurar, revivificar – isto é, conceder uma vida nova. E, para ter uma vida nova, é necessário inovar, ou seja, criar algo novo a partir daquilo que não serve, não funciona ou poderia ser melhor. Isso não se aplica somente às pessoas que passaram por traumas profundos, mas a todos nós que pendemos ora para o desânimo, ora para o desespero, enquanto ansiamos pela felicidade e pelo equilíbrio. É por isso que a regeneração é o tema do sétimo passo do sabático.

O EU REAL E O EU IDEAL: INIMIGOS OU ALIADOS?

Quando falamos em regeneração, algumas perguntas se impõem. Como proceder a uma regeneração psíquica e emocional? Por onde começar? É provável que, para responder a essas questões, você pense em uma longa lista de problemas. Um inventário mental de tudo aquilo que você considera fraquezas, defeitos, fracassos, incapacidades e impossibilidades. A lista é tão esmagadora que, pensando bem, é melhor deixar para lá. Se você acha que esse é o momento em que eu digo algumas palavras encorajadoras do tipo: "Vá em frente mesmo assim, você vai chegar lá" etc., continue lendo porque vou dizer o oposto. Você tem razão. Pode esquecer todo aquele receituário de autoajuda. É melhor mesmo deixar para lá. Afinal, descrever-se sob a forma de um interminável *ranking* de mazelas e sequelas é capaz de desanimar qualquer um. Quem confirma isso é a neurociência. Mais especificamente, o professor Richard Boyatzis, da Universidade Case Western Reserve. Em seus estudos, Boyatzis observou que, diante da perspectiva de mudança, tendemos a nos mover em duas direções. Uma dessas direções é o que ele chama de atrator emocional negativo – ou NEA, na sigla em inglês. A estimulação do NEA acontece quando você se concentra no negativo: os problemas, as dificuldades, os medos, as ansiedades e tudo aquilo que você acha que está faltando ou que não está funcionando – ou seja, quando você monta a sua lista de mazelas. Ao ser estimulado, o NEA aciona o sistema nervoso simpático, que, por sua vez, estimula ações que permitem ao organismo responder a situações de perigo e de estresse. Essas ações envolvem, por exemplo, a liberação de adrenalina, a aceleração dos batimentos cardíacos e o aumento da pressão arterial. Se esse estado se prolongar, o resultado é a redução das funções cognitivas e da percepção, o enfraquecimento do sistema imunológico e o aumento da suscetibilidade a doenças. Além disso, você também vai se sentir nervoso, preocupado, ansioso e irritado – entre outras emoções negativas. O que acabei de descrever está longe de ser o estado de espírito adequado para dar início a um processo de regeneração interior. Logo, é melhor desistir. Mas veja bem: é melhor desistir que percorrer um caminho que não vai levá-lo ao que você quer.

Há uma alternativa, porém. Lembre-se de que, como disse antes, diante da perspectiva de mudança, tendemos a nos mover em duas direções. Uma é o NEA. A outra é o PEA, que é a sigla em inglês para atrator emocional positivo. Ao contrário do NEA, o PEA aciona o sistema nervoso parassimpático, que permite ao organismo responder a situações de calma por meio de ações como a desaceleração dos batimentos cardíacos e a diminuição da pressão arterial e da adrenalina. Boyatzis e seus colegas observaram que as abordagens positivas que acionam o PEA produzem uma intensa estimulação do córtex visual, área do cérebro associada ao processamento visual e à imaginação. Isso implica maior abertura cognitiva, perceptual e emocional. É nesse estado que o corpo e a mente atingem sua melhor forma em termos cognitivos, criando novos tecidos neurais que facilitam o aprendizado. É assim que nos tornamos mais abertos a novas ideias, sentimentos e emoções, tanto nossos quanto de outras pessoas. Trata-se, pois, das condições ideais para que a regeneração possa ocorrer – e, com ela, a mudança.

Se você já tentou mudar algum hábito ou comportamento, sabe como é difícil aderir ao processo e sustentar a mudança. Boyatzis, porém, nos dá algumas dicas preciosas. Ele nos diz que, para que a mudança seja eficaz, ela deve ser intencional, ou seja, voluntária. Isso significa que cabe a você decidir se quer mudar. Esse é o princípio que norteia a teoria da mudança intencional, que ele desenvolveu para descrever os componentes e o processo de uma mudança desejável e sustentada em comportamento, pensamentos, sentimentos e percepções. A mudança pode ocorrer nos hábitos, nas ações ou nas competências, também em sonhos e aspirações, ou até mesmo no modo como interpretamos os acontecimentos na vida e no trabalho. Ela é desejável porque queremos que aconteça e é sustentada porque se mantém ao longo do tempo. A mudança intencional envolve cinco etapas, ou descobertas, que atuam como um ciclo interativo – cada uma estimula e alimenta a outra. Fazer essas descobertas, e se precaver contra as possíveis armadilhas no caminho, é um passo crucial para o processo de regeneração.

A primeira descoberta é o eu ideal. Encontrá-lo equivale a nos conectar com nossos sonhos e nos engajar em nossas paixões. É a imagem da pessoa que queremos ser, composta por três aspectos: a visão de um futuro desejado; a esperança de que podemos construir esse futuro; e os elementos de nossa identidade que usaremos como ferramentas para construir esse futuro, por exemplo, nossas forças, talentos, competências e valores. Descobrir o eu ideal nos permite criar um profundo engajamento emocional com nossos objetivos, o que, é claro, nos dá muito mais determinação, paixão e comprometimento para atingi-los. O eu ideal ativa a energia do PEA, o atrator emocional positivo, o que facilita a performance, estimula ações eficazes e ancora a mudança em significado, valores e no futuro desejado.

A segunda descoberta do processo da mudança intencional é o eu real. Ele compreende seus pontos fortes e fracos, o que você já tem e o que ainda falta. A análise do eu real – e sua comparação com o eu ideal – permite definir aquilo que você quer manter e o que quer mudar. Os aspectos do eu real que são consistentes com o eu ideal são considerados forças. Os que são inconsistentes são considerados lacunas. Tudo isso quer dizer o seguinte: a distância, ou a diferença, entre o seu eu real – isto é, a pessoa que você é agora – e o seu eu ideal – ou seja, a pessoa que você quer ser – é exatamente a lacuna ou o espaço que você precisa percorrer para ir do lugar onde está agora ao lugar aonde quer chegar. Mergulhar na busca do seu eu real e do seu eu ideal equivale a empreender uma viagem de autoconhecimento e autodescoberta, que são elementos da autoconsciência.

A teoria da autoconsciência objetiva, desenvolvida pelos psicólogos Shelley Duval e Robert Wicklund, relaciona a autoconsciência à capacidade de fazer três coisas. A primeira é pensarmos de modo reflexivo sobre nós mesmos e termos a noção do que estamos fazendo, pensando e sentindo em um dado momento. A segunda capacidade é a de nos avaliarmos com base em nossos padrões e valores e de alinharmos nossas decisões e escolhas com eles. Aqui, já não se trata apenas da noção do que fazemos, pensamos e sentimos, mas da percepção de estarmos ou não em sintonia com aspectos definidores da identidade. E, se não estivermos, temos de apelar à terceira capacidade, que nos caracteriza como seres autoconscientes e consiste em mudar o comportamento caso ele não esteja de acordo com nossos padrões ou valores.

Como você vê, a autoconsciência é essencial para a regeneração, pois ela nos leva ao próprio âmago da identidade – e, é claro, você não pode regenerar aquilo que não conhece. Pessoas autoconscientes têm maior autonomia e iniciativa. São mais adaptáveis e abertas à mudança. Aprendem mais rápido e constantemente. São confiantes e entendem as próprias motivações. São capazes de controlar seu comportamento e, assim, de assumir o controle de sua vida. No entanto, há algumas pedras no caminho. Ter autoconsciência implica colocar o foco em você – é isso que chamamos de autofoco. Essa característica, porém, deve ser pautada por uma reflexão serena e equilibrada, capaz de aumentar o autoconhecimento – em outras palavras, deve estimular o PEA, os atratores emocionais positivos. Se o autofoco se concentrar em problemas, dificuldades, preocupações e receios, em vez de entrar em uma reflexão serena, você vai acabar acionando os atratores negativos – o NEA – e entrando em um estado de ansiedade, o que o levará da reflexão para a ruminação. Outro percalço é a dificuldade de colocarmos o foco em nós mesmos de maneira honesta, intensa e aberta. Pense nisto: quanto tempo você consegue ficar sem checar o celular? Por quanto tempo você consegue imergir na autoanálise sem se distrair e sem deixar os pensamentos divagarem? Uma pesquisa de Matthew Killingsworth e Daniel Gilbert, de Harvard, nos mostra que as pessoas passam 46,9% do seu tempo pensando em alguma coisa diferente daquilo que estão fazendo no momento, e essas divagações as deixam infelizes. No entanto, é preciso insistir.

Martin Seligman acredita que a regeneração de nossas forças é a arma mais eficaz do arsenal terapêutico. Há, ainda, mais um obstáculo que precisamos desmistificar. Tem gente que pensa assim: "Se eu comparar quem eu sou (eu real) com quem eu gostaria de ser (eu ideal), a diferença será tão abismal que vou me deprimir". O problema, aqui, é o modo de olhar. Não examinamos o eu real apenas para caçar defeitos, mas também para encontrar recursos. O foco não é somente no que falta, mas também naquilo que você já tem. Imagine o seguinte. Você está fazendo uma caminhada em uma floresta e, de repente, percebe que não sabe ao certo onde está e vai demorar mais do que imaginou para chegar aonde queria. Você começa a sentir cansaço, frio, fome, sede. Gostaria de estar em uma casa aconchegante, junto da lareira, saboreando seu jantar favorito e tomando uma bela taça de vinho. De preferência, gostaria de chegar lá de carro, ou, melhor ainda, de helicóptero. Mas, enquanto isso não acontece..., você está carregando uma mochila com água, biscoitos, agasalho e uma bússola. Você deixaria de usar da melhor forma possível o conteúdo da mochila porque ele não é exatamente o que você preferia? Ou será que se sentiria bem consigo mesmo por ter carregado todo esse conteúdo e tê-lo à mão quando fosse necessário para que pudesse prosseguir? Pense nisto: o eu real e o eu ideal não são inimigos. São aliados a favor do processo de regeneração. E se há coisas no eu real que precisam ser superadas, nele há, também, muitos dos recursos indispensáveis para que a melhoria possa ocorrer.

A terceira descoberta da mudança intencional é a agenda de aprendizado e o planejamento com foco no futuro desejado. A agenda é uma forma de identificar e estruturar o que você precisa aprender para o seu desenvolvimento, algo necessário para construir o futuro almejado. Transformar a agenda em planejamento requer identificar as ações necessárias para concretizar essa programação de aprendizado. Requer, também, estabelecer prazos e compor um cronograma de ação – do contrário, tudo não passa de uma bela intenção. É o ato de planejar, e de agir de acordo com o que foi planejado, que expõe o quanto você está disposto e decidido a se regenerar. Se para chegar ao objetivo for necessário desenvolver uma nova competência, ou dominar um conhecimento que você ainda não domina, o planejamento inclui as respostas às clássicas perguntas: o que, quando e como – isto é, o que exatamente você precisa desenvolver, quando essa ação vai acontecer e de que maneira. São as respostas claras e precisas a essas perguntas que distinguem alguém determinado de alguém simplesmente bem-intencionado.

A quarta descoberta é a experimentação e a prática dos novos comportamentos e padrões mentais que você quer desenvolver. Mesmo que você siga fielmente sua agenda de aprendizado, ele só vai existir concretamente se se manifestar em novos comportamentos e modos de pensar. Suponha que você queira ser uma pessoa mais produtiva, capaz de administrar melhor o seu tempo para que possa aproveitá-lo melhor. Quais comportamentos que você vai adotar mostrarão que realmente está sendo produtivo? O que você vai fazer que não fazia antes?

Por fim, a quinta descoberta refere-se aos relacionamentos de apoio, às pessoas que são importantes para você, que estão sempre do seu lado e dão um *feedback* que o ajuda a perceber coisas que não estava percebendo. Aquelas cuja companhia e suporte aumentam sua confiança e a sensação de que você não está sozinho. Quem são essas pessoas? Faça uma lista e converse com elas sobre seus planos e estratégias. Seus relacionamentos de apoio são essenciais para criar um ambiente de estímulo e encorajamento. Afinal, nada é mais estimulante ao processo de regeneração do que o amor e o suporte daqueles que você ama.

O SÉTIMO PASSO DO SABÁTICO

No sétimo passo do sabático, vamos mergulhar na regeneração e em seu significado. A regeneração faz parte do dia a dia. Não são apenas a pele física e a pele psíquica que se regeneram. A cada sete ou dez anos, todas as células do corpo são substituídas por outras novas. Os alimentos que ingerimos restauram a energia, e aquilo que não serve mais é descartado, abrindo espaço para outros alimentos e outras refeições, dando continuidade ao ciclo. Uma boa noite de sono nos regenera. E como! Matt Walker, professor de Psicologia e Neurociência da Universidade da Califórnia, Berkeley, e fundador do Centro da Ciência do Sono Humano, diz coisas espantosas em sua palestra no TED Talks. Walker fala de um experimento global conduzido com 1,6 bilhão de pessoas em dezessete países, duas vezes por ano. No dia em que começa o horário de verão – quando, portanto, dormimos uma hora a menos –, a incidência de ataques cardíacos aumenta 24%. Quando o horário de verão termina e recuperamos sessenta minutos a mais de sono, os ataques cardíacos caem 21%. O mesmo padrão se repete para a pressão alta e até para o suicídio. Quatro horas de sono a menos numa mesma noite reduzem a eficácia do sistema imunológico em até 70%, o que nos deixa mais vulneráveis a doenças. E não para por aí. O declínio na qualidade do sono conforme envelhecemos é um dos grandes responsáveis por perda de memória, demência e Alzheimer. Ou seja: dizer que você se sente como novo após uma noite bem-dormida não é mera metáfora.

Mas não é apenas o corpo que tem inúmeros processos de regeneração – a natureza também os tem. Apesar da ação humana, em muitos locais a regeneração natural ainda permite que as florestas se mantenham conforme as árvores mais antigas morrem ou são cortadas. Na biologia, a regeneração refere-se aos processos de renovação e restauração que tornam genomas, células, organismos e ecossistemas mais resilientes a alterações ou eventos que poderiam danificá-los ou destruí-los. Inspirados na natureza, temos a medicina regenerativa, voltada para a regeneração de tecidos e órgãos danificados. E o design regenerativo, cujo propósito é a restauração, renovação ou revitalização de suas próprias fontes de energia, devolvendo um pouco daquilo que é tirado na tentativa de manter a integridade dos ciclos naturais – tanto do meio ambiente quanto das comunidades humanas.

E isso nos leva à inovação. Se regenerar significa conceder uma vida nova, inovar significa criar algo novo. Regeneração e inovação são duas faces da mesma moeda: quando nos regeneramos, abrimos espaços para nos reinventar. Nos negócios, temos dois importantes conceitos de inovação, ambos desenvolvidos por professores de Harvard: a incremental, de Joseph Schumpeter, e a disruptiva, de Clayton Christensen. A inovação incremental ocorre por meio de diversas melhorias ou atualizações feitas em produtos, serviços, processos ou métodos. Ela não gera grande impacto na sociedade, não transforma costumes nem revoluciona nossa maneira de pensar e de agir, mas permite que a empresa continue saudável e ofereça algo que atenda a uma demanda. Pense, por exemplo, em um bom sapato de couro. Ele não passou por nenhuma transformação radical nos últimos anos, mas se atualizou o suficiente para continuar a ser consumido por determinado público.

A inovação disruptiva é diferente – pense na internet, por exemplo, ou nas redes sociais. Trata-se de um fenômeno pelo qual o mercado, e até nosso comportamento, é transformado por uma inovação que torna algo mais simples e acessível, popularizando o que antes era um símbolo de status e privilégio. É o que Henry Ford fez com o carro e Steve Jobs fez com o computador pessoal. Da mesma forma, na vida, podemos passar por inovações graduais ou disruptivas. E aqui não há uma hierarquia de valor. Tudo depende de seu contexto pessoal. Você pode achar que sua vida vai bem, mas que algumas melhorias seriam bem-vindas para evitar o risco do tédio, da mesmice e da falta de desafios que pode ser o prenúncio da estagnação. Ou você pode achar que precisa mudar tudo ou quase tudo, que do jeito que está não dá mais para continuar, e anseia por uma transformação radical, uma ruptura com velhos modos de pensar e de agir que pararam de proporcionar os resultados que você busca – se é que um dia os proporcionaram.

Seja para recomeçar do zero, seja para recomeçar a partir de uma base que você já construiu, a regeneração e a inovação constituem a essência do sabático. É para elas que convergem tudo o que você aprendeu até agora neste livro. É aqui que todos os capítulos se juntam e se completam, como um quebra-cabeça que, depois de montado, lhe mostra o todo, o quadro geral, a perspectiva de quem você é, dos recursos que possui e de onde você pode chegar. E, como estamos falando de inovação, nada mais apropriado do que citar Steve Jobs. Em 2005, em seu discurso para os formandos de Stanford – que já se tornou um clássico –, Jobs disse, a respeito de sua saída da Apple: "Foi a melhor coisa que poderia ter me acontecido. O peso de ser bem-sucedido foi substituído pela leveza de ser novamente um iniciante, com menos certezas a respeito de tudo. Isso me libertou para entrar em um dos períodos mais criativos de minha vida". Seja qual for sua idade, status, ocupação ou situação de vida, abrace você também a leveza de ser novamente um iniciante. Regenere-se, inove! E deixe que tudo comece de novo e de novo.

1. CONECTAR

Conecte-se com o seu eu real, com a pessoa que você é agora. Aproxime-se de seu eu real sem criticismo, sem julgamentos, sem queixas e mágoas, apenas com carinho e compaixão. Deixe que seu eu real se apresente. Quem é essa pessoa? O que ela diria se soubesse que seria aceita em vez de ser julgada, avaliada e criticada? Como ela se apresentaria? Quais recursos, forças, talentos e qualidades o seu eu real possui e o ajudaram a chegar até aqui? Liste, reflita e agradeça. Depois, anote ideias e *insights* no diário do sabático.

2. REGENERAR

O que você mais precisa regenerar? A qual de suas partes você precisa conceder uma nova vida? Como você seria se essa parte (ou partes) fosse regenerada e restaurada? Como é o seu eu ideal? Descreva com detalhes, faça um retrato falado. De que modo o seu eu ideal se aproxima da sua identidade mais autêntica, que você tanto anseia por expressar? Como a regeneração do seu eu real pode deixá-lo mais perto do seu ideal? Fique um pouco com esses pensamentos e sensações e, depois, anote no diário do sabático tudo o que achar necessário registrar.

3. PROJETAR

Imagine, agora, que hoje você vai ter um dia ideal. E, nesse dia ideal, você vai dar um importante passo para regenerar alguma coisa em sua vida. Escolha uma ação simples e pequena, que você pode fazer hoje mesmo, mas que vai marcar o início de um processo de restauração e de inovação. Reflita cuidadosamente ao escolher e planejar sua ação. É de extrema importância que ela seja realmente significativa para você e capaz de selar seu compromisso consigo. Anote suas ideias e, depois, escreva uma frase que sirva de estímulo e encorajamento para colocar o plano em ação.

DICA: VIAJANDO PARA FORA A FIM DE SE CONHECER POR DENTRO

Conforme contei no início deste livro, meu sabático começou com uma viagem pelos campos de lavanda franceses. Foi uma viagem para fora para retornar ao centro de mim mesma. E, embora o sabático proposto neste livro não inclua necessariamente uma viagem, se você pretende ou sonha em fazê-la – seja para outro país ou para os arredores de sua cidade, seja por um ano ou por um fim de semana –, saiba que essa pode ser uma oportunidade importante para acelerar sua regeneração. *Positive Tourism* [Turismo positivo, sem edição em português] é um livro organizado por Mihaly Csikszentmihalyi, um dos grandes expoentes da psicologia positiva, fruto da colaboração de diversos pesquisadores. Por meio de seus relatos e estudos, nos damos conta de que viajar pode ser, também, uma chance para crescer. Viagens de férias oferecem um nível de liberdade que não costumamos experimentar no cotidiano. Por isso, quando viajamos, somos capazes de desempenhar papéis diferentes daqueles que assumimos no dia a dia, em contextos diferentes.

Isso nos desafia a fazer coisas novas e usar habilidades que, às vezes, desconhecíamos. O distanciamento geográfico nos dá uma perspectiva diferente para refletir sobre a vida e até mesmo para encontrar novas soluções para velhos problemas. Viajar, afastar-se da rotina e ter contato com outras culturas e costumes é algo que expande o horizonte. E esse é um aprendizado que pode ser transferido para o dia a dia quando voltamos da viagem. Algo em nós se transforma e se amplia. Retornamos um pouco melhores do que éramos quando partimos. Você já passou por uma experiência assim? Qual foi a sua viagem mais significativa? De que modo essa experiência o transformou? Nas viagens, descobrimos quem somos e quem os outros são. Por isso, elas tanto podem afastar pessoas quanto aproximá-las ainda mais.

Quando viajamos com a família ou com os amigos, os laços que nos unem podem se estreitar pela experiência partilhada e pela necessidade de atuar juntos, como um time. Além disso, viagens nos fazem entrar em contato com o significado – a compreensão de que a vida faz sentido e de que é orientada por um propósito que nos define. Esse contato com o significado é ainda mais intenso se a viagem for um marco de um acontecimento transformador. Por exemplo, um casamento, a conclusão da faculdade, a celebração de uma conquista e todos os eventos associados ao ingresso em uma nova e excitante fase da vida. E, é claro, viajar também estimula o senso de independência, a autonomia e a autoconfiança. Pense nisso quando fizer sua próxima viagem. Ao conhecer outros lugares e culturas, você também amplia o autoconhecimento.

CONCLUSÃO

OS LIMITES DA FELICIDADE

O programa do sabático da felicidade não surgiu por acaso. Embora a ideia tenha me ocorrido em um período de vinte dias pelos campos de lavanda da Provença francesa – uma pausa a qual me obriguei após chegar ao limiar do *burnout* –, as bases do que esse programa seria são bem anteriores. Elas remontam à minha dissertação de mestrado em Psicologia Positiva Aplicada, defendida na Universidade da Pensilvânia. Lá, aprendendo com os melhores – os homens e mulheres que estão construindo a ciência da felicidade –, concebi o Projeto SEMEAR, que se tornaria a espinha dorsal da SBCoaching Social, a empresa com objetivo de contribuição social que criei para promover o florescimento humano no Brasil. O SEMEAR tem um histórico de implementações bem-sucedidas e de reconhecimento pelos resultados alcançados. É ele que fornece os alicerces do sabático. Esses alicerces estão descritos no acrônimo SEMEAR, que significa superação (ou autossupremacia), desenvolvimento e otimização;

engajamento e uso de forças e virtudes; missão, significado e propósito; emoções positivas e vitalidade; alvos, metas e realizações; relacionamentos positivos e interações. Para o sabático, eu desenvolvi o SEMEAR[2], que inclui tudo isso mais a regeneração, porque é isso que esse período lhe proporciona: um espaço para respirar e uma chance para se recriar. E, entre uma coisa e outra, a oportunidade de, enfim, ser mais feliz. E isso é possível, sim. Mas há alguns segredos a serem desvelados no caminho. A começar pelos limites da felicidade.

Será que existe um limite para ser feliz? Um ponto a partir do qual nada mais vai mudar? O surgimento da psicologia positiva estimulou uma série de pesquisadores a se debruçar sobre essas questões. Teorias sobre a felicidade nos dizem que todos nós temos um *set point* para experimentar essa emoção. *Set point* é uma expressão que pode ser traduzida como "ponto de ajuste". Digamos que o ponto de ajuste seja o nosso nível médio habitual de felicidade. Para alguns pesquisadores, nosso *set point* é determinado – ou, pelo menos, influenciado – pela genética. Ou seja, a propensão para sermos mais felizes ou menos felizes é, em parte, herdada dos antepassados – e esse é o momento em que você começa a pensar, não sem certa preocupação: "Será que meus avós eram felizes?". Outros pesquisadores apontam para a chamada adaptação hedônica. Uma célebre pesquisa feita com ganhadores da loteria nos mostra o que é isso. O estudo com os novos milionários revelou que, depois de algum tempo, eles retornavam aos mesmos níveis de felicidade que tinham antes de tirar a sorte grande. É esse o princípio da adaptação hedônica. Quanto mais você se acostuma com alguma coisa positiva, mais você se adapta a ela e, por isso, mais você deixa de apreciar. A pergunta óbvia é: se é assim, por que tentar ser mais feliz? Sonja Lyubomirsky, da Universidade da Califórnia, descobriu algo que nos ajuda a encontrar uma resposta para essa pergunta. Para tornar o aumento da felicidade mais duradouro, você deve mudar suas atividades em vez de focar apenas as circunstâncias de vida. Ou seja: fazer coisas novas e estimulantes e ter objetivos desafiadores. Com isso, você gera um fluxo constante de experiências positivas que dificultam o processo de adaptação hedônica. Vou dar um exemplo que talvez facilite a compreensão desse conceito. Pense no velocímetro de um carro que vai do zero aos 200 km por hora. Imagine que o seu nível médio de felicidade esteja bem no meio do velocímetro: 100 km por hora. Mudanças positivas nas circunstâncias da vida podem fazer com que o velocímetro chegue a 120, 150 ou até 200 km. Depois de um tempo, porém, ele vai voltar ao nível médio, isto é, aos 100 km. Mas, se você gerar um fluxo constante de experiências positivas por meio de novas atividades e objetivos, o seu velocímetro vai se manter por mais tempo nos 200 km. Entendeu como funciona? É isso que seguir os passos do sabático continuamente pode lhe proporcionar: um fluxo constante de experiências positivas capaz de aumentar o seu *set point* da felicidade.

O sabático também pode fazer isso por outro meio. Ao passar pelo processo de regeneração que ele proporciona, você se torna mais compassivo consigo mesmo e com os outros, o que pode abrir caminho para uma postura mais altruísta. O estudo alemão Pesquisa do Painel Socioeconômico – um dos maiores e mais duradouros estudos do mundo – constatou que o elemento mais fortemente associado ao aumento perene da satisfação com a vida é o persistente comprometimento com objetivos altruístas. O ato de ajudar outras pessoas é capaz de aumentar nossa felicidade além dos possíveis limites impostos pela hereditariedade. O motivo é simples. Ao criar valor para os outros, você também alimenta o seu senso de propósito, que é um dos principais estímulos à felicidade.

ESCREVA O SEU MANIFESTO

Se você decidir se comprometer com o seu sabático da felicidade e virar o jogo para ter uma vida mais feliz, tenho uma proposta a fazer. Sele esse compromisso de um modo muito especial. Escreva o seu próprio manifesto. Declare suas intenções. E faça desse documento um símbolo, um elemento de motivação, uma lembrança constante de que você decidiu se libertar. Vou contar uma história que explica melhor o que quero dizer. Em 2009, os irmãos Dave e Mike Radparvar, mais um amigo chamado Fabian Pfortmüller, decidiram deixar seus empregos e abrir um negócio.

Um dia, sentados nos degraus da Union Square, em Nova York, resolveram colocar no papel o que queriam da vida e o que o sucesso significava para eles. O texto, que ficou conhecido como Manifesto Holstee, tornou-se um fenômeno na internet. Ele já foi compartilhado mais de 500 mil vezes e visualizado mais de 60 milhões de vezes. E não é só isso. Há vários depoimentos de pessoas que, depois de lerem o manifesto, se sentiram inspiradas a mudar a vida e a perseguir seus sonhos. Os três empreendedores fundaram a empresa Holstee, que dá nome ao manifesto e é especializada em produtos feitos com material reciclado. Mas um de seus itens mais vendidos é o próprio pôster do manifesto. O que esse texto tem de tão especial? Facilmente encontrado na internet, ele captura de maneira muito simples e direta anseios e aspirações, com forte apelo emocional e motivacional. São pontos que a psicologia positiva tem estudado e divulgado por meio do foco em questões como felicidade, propósito, significado e tudo aquilo que faz a vida valer a pena.

O manifesto é uma declaração escrita na qual você expressa intenções, opiniões, decisões ou ideias. Escrevi o meu inspirada no sabático e gostaria de compartilhá-lo com você. Depois de lê-lo, reflita um pouco sobre o que esse manifesto o levou a sentir e comece a escrever o seu. Deixe as emoções fluírem. Não pense demais nem pare para analisar cada palavra. Não se preocupe com forma ou estilo. Apenas dê livre vazão às emoções. O que é importante para você? O que significou para você a jornada do sabático? O que mais o comoveu, inspirou, tocou? O que mudou? O que você quer mudar? Ouça seu coração e deixe que ele lhe dê as respostas.

MANIFESTO VICTORIA

As emoções positivas expandem a mente e renovam o coração. Aprecie-as intensamente, elas tornam a vida memorável.

Seu corpo é sua nave-mãe. Cuide bem dele – ele é o seu veículo para criar, amar e realizar. Aprenda a gostar de si mesmo. Seja o seu melhor amigo.

Suas forças traduzem a sua essência. Em meio a tantas coisas instáveis e efêmeras, elas são o seu apoio e a sua armadura. Não rejeite seus dons. Assuma a responsabilidade de usá-los.

A vida é muito curta para que a deixemos passar em branco. Se quiser encontrar o sentido da vida, tenha um propósito e, a cada dia, faça alguma coisa para honrá-lo.

Dê a si mesmo o presente da libertação. Aprenda a perdoar. Use o poder libertador do perdão para deixar o passado para trás e encarar o futuro com otimismo e esperança.

Obstáculos existem para serem superados. Entenda que você é capaz e vá à luta! Orgulhe-se de suas cicatrizes – elas são a prova de que você tentou. E, mesmo que nem tudo seja como você quer, nunca desista do seu direito de fazer o melhor.

Tenha a gentileza como lema. Semeie atos de bondade e seja generoso sem esperar retribuição – permita que o prazer de ser útil seja sua maior recompensa.

Acima de tudo, regenere-se, renove-se, floresça! Desenvolver-se é o objetivo de sua jornada pela vida.

Acredite que é possível escolher a felicidade, por isso faça essa escolha agora.

E agradeça sempre! Você chegou até aqui, e não há limites para onde você ainda pode chegar.

REFERÊNCIAS BIBLIOGRÁFICAS

Aqui você vai encontrar as fontes de consulta que usei para escrever este livro. Gostaria que você se sentisse à vontade para pesquisá-las e usá-las a fim de ampliar seu conhecimento sobre os temas que mais chamaram sua atenção.Você vai encontrar, por exemplo, os trabalhos de Martin Seligman que deram origem a essa nova e fascinante área do conhecimento, a psicologia positiva. Também estão aqui as obras de Barbara Fredrickson sobre emoções positivas, de Ed Diener sobre bem-estar subjetivo, e do filho dele, Robert Biswas-Diener, sobre forças de caráter. Richard Boatzis e o "eu ideal", Michael Steger com os conceitos de significado e propósito, Deci e Ryan e motivação intrínseca, Angela Duckworth e garra, Fred Luskin e perdão, Albert Bandura e autoeficácia, Charles Snyder e esperança, Robert Emmons e gratidão...

Esses e muitos outros autores seminais, que estão contribuindo para criar uma nova ciência – a ciência da felicidade –, têm muito mais a dizer e a contar do que o pouco que você viu neste livro.

Não hesite em vasculhar esta bibliografia e ir atrás dos livros e artigos aqui citados, com a avidez de quem descobre um mundo de informações novas e transformadoras. Faça das obras aqui contidas suas leituras de cabeceira, instrumentos de trabalho e de descoberta, o roteiro para uma vida mais plena. E compartilhe, compartilhe sempre. Indique a parentes, amigos, colegas... Fale a respeito, estimule sua curiosidade. Seja um agente de transformação. Partilhar informações transformadoras e bem fundamentadas é uma importante maneira de fazer do mundo um lugar melhor. Para ver mais referências, acesse o site <www.floravictoria.com.br>.

Argyle, Michael. *The Psychology of Happiness*. Nova York: Routledge, 2001.

Aristóteles. *Ética a Nicômaco*. Tradução: Leonel Vallandro e Gerd Bornheim. São Paulo: Nova Cultural, 1973.

Bandura, Albert. *Social Foundations of Thought and Action: A Social-Cognitive View*. Englewood Cliffs: Prentice Hall, 1986.

____________. *Self-efficacy: The Exercise of Control*. Nova York: Freeman, 1997.

Baumeister, Roy F. & Leary, Mark. R. "The Need to Belong: Desire for Interpersonal Attachments as a Fundamental Human Motivation". *Psychological Bulletin*, 117, 1995, pp. 497-529.

Baumeister, Roy F. & Vohs, Kathleen D. "The Pursuit of Meaningfulness in Life". Em: Snyder, Charles R. & Lopez, Shane J. (eds.). *Handbook of Positive Psychology*. 1ª ed. Oxford: Oxford University Press, 2002, pp. 608-18.

Baumeister, Roy F.; Gailliot, Matthew; DeWall, Nathan & Oaten, Megan. "Self--regulation and Personality: How Interventions Increase Regulatory Success, and How Depletion Moderates the Effects of Traits on Behavior". *Journal of Personality*, 74(6), 2006, pp. 1773-801.

Biddle, Stuart; Mutrie, Nanette & Gorely, Trish. *Psychology of Physical Activity – Determinants, Well-being and Interventions*. Nova York: Routledge, 2001.

Biswas-Diener, Robert. "From the Equator to the North Pole: A Study of Character Strengths". *Journal of Happiness Studies*, 7, 2006, pp. 293-310.

__________. "Applied Positive Psychology: Progress and Challenges". *The European Health Psychologist*, 13, 2011, pp. 24-6.

Boyatzis, Richard. "An Overview of Intentional Change from a Complexity Perspective". *Journal of Management Development*, 25(7), 2006, pp. 607-23.

Boyatzis, Richard & Mckee, Annie. *Resonant Leadership*. Cambridge: Harvard Business School Press, 2005.

Chilton, Gioia. "Art Therapy and Flow: A Review of the Literature and Applications". *Art Therapy*, 30(2), 2013, pp. 64-70.

Csikszentmihalyi, Mihaly. *Finding Flow*. Nova York: Basic, 1997.

__________. *Flow and the Foundations of Positive Psychology*. Dordrecht: Springer, 2014.

Da Matta, Villela & Victoria, Flora. *Metodologia Positive Coaching*. São Paulo: SBCoaching Publishing, 2012.

Damásio, António. *O mistério da consciência: Do corpo e das emoções ao conhecimento de si*. Tradução: Laura Teixeira Motta. São Paulo: Companhia das Letras, 2000.

Deci, Edward L. & Ryan, Richard M. *Intrinsic Motivation and Self-determination in Human Behavior*. Nova York: Springer, 1985.

Deci, Edward L. & Flaste, Richard. *Why We Do What We Do: Understanding Self-motivation*. Nova York: Penguin, 1996.

Diener, Ed. "Subjective Well-being". *Psychological Bulletin*, 95, 1984, pp. 542-75.

__________. "Positive Psychology: Past, Present, and Future". Em: Snyder, Charles R. & Lopez, Shane J. (eds.). *Handbook of Positive Psychology*. 2ª ed. Oxford: Oxford University Press, 2009, pp. 7-12.

Diener, Ed; Emmons, Robert A.; Larsen, Randy J. & Griffin, Sharon. "The Satisfaction with Life Scale". *Journal of Personality Assessment*, 49(1), 1985, pp. 71-5.

Diener, Ed; Lucas, Richard E. & Oishi, Shigehiro. "Subjective Well-being: The Science of Happiness and Life Satisfaction". Em: Snyder, Charles R. & Lopez, Shane J. (eds.). *Handbook of Positive Psychology*. 2ª ed. Oxford: Oxford University Press, 2009, pp. 187-94.

Duckworth, Angela. *Garra – O poder da paixão e da perseverança*. Tradução: Donaldson M. Garschagen e Renata Guerra. Rio de Janeiro: Intrínseca, 2016.

Duckworth, Angela & Seligman, Martin. "The Science and Practice of Self--control". *Perspectives on Psychological Science*, 12(5), 2017, pp. 715-8.

Emmons, Robert A. "Personal Goals, Life Meaning, and Virtue: Wellsprings of a Positive Life". Em: Keyes, Corey & Haidt, Jonathan (eds.). *Flourishing: Positive Psychology and the Well-lived Life*. Washington: American Psychological Association, 2003, pp. 105-28.

Emmons, Robert A. & McCullough, Michael E. "Counting Blessings versus Burdens: An Experimental Investigation of Gratitude and Subjective Well-being in Daily Life". *Journal of Personality and Social Psychology*, 84, 2003, pp. 377-89.

Evans, Scotney D.; Prilleltensky, Ora; McKenzie, Adrine; Prilleltensky, Isaac; Conner, Debbie Nogueras; Huggins, Corinne & Mescia, Nick. "Promoting Strengths, Prevention, Empowerment, and Community Change Through Organizational Development: Lessons for Research, Theory, and Practice". *Journal of Prevention & Intervention in the Community*, 39(1), 2011, pp. 50-64.

Frankl, Viktor E. *Em busca de sentido: Um psicólogo no campo de concentração*. Tradução: Walter O. Schlupp e Carlos C. Aveline. São Paulo: Vozes, 2017.

Fredrickson, Barbara L. "Cultivating Positive Emotions to Optimize Health and Well-being". *Prevention & Treatment*, 3(1), 2000.

____________. "The Role of Positive Emotions in Positive Psychology". *American Psychologist*, 56(3), 2001, pp. 218-26.

____________. *Positivity: Groundbreaking Research Reveals How to Embrace the Hidden Strength of Positive Emotions, Overcome Negativity, and Thrive*. Nova York: Crown, 2009.

Fredrickson, Barbara L. & Cohn, Michael A. "Positive Emotions". Em: Snyder, Charles R. & Lopez, Shane J. (eds.). *Handbook of Positive Psychology*. 2ª ed. Oxford: Oxford University Press, 2009, pp. 120-34.

Garfield, Charles. *Peak Performers*. Nova York: William Morris, 1987.

Gottman, John M. *The Marriage Clinic: A Scientifically-based Marital Therapy*. Nova York: Norton, 1999.

Gottman, John M. & Silver, Nan. *Os sete princípios para o casamento dar certo*. Tradução: Ione Maria de Souza Ferreira. Rio de Janeiro: Objetiva, 2000.

Hanible, Tee Marie. *The Warrior Code: 11 Principles to Unleash the Badass Inside of You*. Nova York: St. Martin's Press, 2019.

Kashdan, Todd B. & McKnight, Patrick E. "Origins of Purpose in Life: Refining our Understanding of a Life Well Lived". *Psychological Topics*, 18(2), 2009, pp. 303-16.

__________. "Commitment to a Purpose in Life: An Antidote to the Suffering by Individuals with Social Anxiety Disorder". *Emotion*, 13(6), 2013, pp. 1.150-9.

Kashdan, Todd B.; Blalock, Dan V.; Young, Kevin; Machell, Kyla; Monfort, Samuel S.; McKnight, Patrick E. & Ferssizidis, Patty Zorbas. "Personality Strengths in Romantic Relationships: Measuring Perceptions of Benefits and Costs and their Impact on Personal and Relational Well-being". *Psychological Assessment*, 30(2), 2017.

Kashdan, Todd B.; McKnight, Patrick E.; Fincham, Frank & Rose, Paul. "When Curiosity Breeds Intimacy: Taking Advantage of Intimacy Opportunities and Transforming Boring Conversations". *Journal of Personality*, 79(6), 2011, pp. 1.369-402.

Keyes, Corey Lee M. "The Mental Health Continuum: From Languishing to Flourishing". *Journal of Health and Social Behavior*, 43(2), 2002.

Keyes, Corey Lee M. & Ryff, Carol D. "The Structure of Psychological Well-being Revisited". *Journal of Personality and Social Psychology*, 69(4), 1995, pp. 719-27.

Keyes, Corey Lee M. & Waterman, Mary Beth. "Dimensions of Well-being and Mental Health in Adulthood". Em: Bornstein, Marc; Davison, Lucy; Keyes, Corey Lee M. & Moore, Kristin A. (eds.). *Well-being: Positive Development Throughout the Life Course*. Boca Raton: CRC Press, 2013.

Linley, P. Alex; Nielsen, Karina M.; Gillett, Raphael & Biswas-Diener, Robert. "Using Signature Strengths in Pursuit of Goals: Effects on Goal Progress, Need Satisfaction, and Well-being, and Implications for Coaching Psychologists". *International Coaching Psychology Review*, 5(1), 2010, pp. 6-15.

Locke, Edwin A. "Setting Goals for Life and Happiness". Em: Snyder, Charles R. & Lopez, Shane J. (eds.). *Handbook of Positive Psychology*. 1ª ed. Oxford: Oxford University Press, 2002, pp. 299-312.

Locke, Edwin A. & Latham, Gary P. "Building a Practically Useful Theory of Goal-setting and Task Motivation". *American Psychologist*, 57(9), 2002, pp. 705-17.

Luci, Monica. "Disintegration of the Self and the Regeneration of 'Psychic Skin' in the Treatment of Traumatized Refugees". *Journal of Analytical* Psychology, 62(2), 2017, pp. 227-46.

Luskin, Fred. *O poder do perdão. Uma receita provada para a saúde e a felicidade.* Tradução: Carlos Szlak. 7ª ed. São Paulo. Editora Francis, 2007.

Lyubomirsky, Sonja. *The How of Happiness: A Scientific Approach to Getting the Life You Want.* Nova York: Penguin, 2008.

Lyubomirsky, Sonja; King, Laura & Diener, Ed. "The Benefits of Frequent Positive Affect: Does Happiness Lead to Success?". *Psychological Bulletin*, 131, 2005, pp. 803-55.

Maturana, Humberto. *A ontologia da realidade.* Belo Horizonte: Editora UFMG, 1999.

Maturana, Humberto & Varela, Francisco J. *A árvore do conhecimento: As bases biológicas do entendimento humano.* Campinas: Psy, 1995.

McKnight, Patrick E. & Kashdan, Todd B. "Purpose in Life as a System that Creates and Sustains Health and Well-being: An Integrative, Testable Theory". *Review of General Psychology*, 13(3), 2009, pp. 242-51.

Mutrie, Nanette & Faulkner, Guy. "Physical Activity: Positive Psychology in Motion". Em: Linley, Alex & Joseph, Stephen (eds.). *Positive Psychology in Practice.* Hoboken: Wiley, 2004, pp. 146-64.

Niemiec, Ryan M. "VIA Character Strengths: Research and Practice (the First 10 Years)". Em: Knoop, Hans Henrik & Delle Fave, Antonella (eds.). *Well-being and Cultures: Perspectives on Positive Psychology.* Nova York: Springer, 2013, pp. 11-30.

Park, Nansook; Peterson, Christopher & Seligman, Martin. "Strengths of Character and Well-being". *Journal of Social & Clinical Psychology*, 23(5), 2004, pp. 603-19.

_________. "Character Strengths in Fifty-four Nations and the Fifty US States". *The Journal of Positive Psychology*, 1(3), 2006, pp. 118-29.

Pawelski, James O. "Defining the 'Positive' in Positive Psychology: Part 1. A Descriptive Analysis". *The Journal of Positive Psychology*, 11, 2016, pp. 339-56.

Peterson, Christopher. *A Primer in Positive Psychology.* Nova York: Oxford University Press, 2006.

Peterson, Christopher & Park, Nansook. "Classifying and Measuring Strenghts of Character". Em: Snyder, Charles R. & Lopez, Shae J. (eds.). *Handbook of Positive Psychology*. 2ª ed. Oxford: Oxford University Press, 2009, pp. 25-33.

Peterson, Christopher & Seligman, Martin. *Character Strengths and Virtues: A Handbook and Classification*. Nova York: Oxford University Press, 2004.

Prilleltensky, Isacc. "Promoting Well-being: Time for a Paradigm Shift in Health and Human Services". *Scandinavian Journal of Public Health*, 33(66), 2005, pp. 53-60.

Ratey, John J. & Loehr, James E. "The Positive Impact of Physical Activity on Cognition During Adulthood: A Review of Underlying Mechanisms, Evidence and Recommendations". *Reviews in the Neurosciences*, 22(2), 2011, pp. 171-85.

Rath, Tom & Conchie, Barry. *Strengths Based Leadership*. Nova York: Gallup Press, 2009.

Schwartz, Shalom H. "Universals in the Content and Structure of Values: Theoretical Advances and Empirical Tests in 20 Countries". *Advances in Experimental Social Psychology*, 25, 1992, pp. 1-65.

Seligman, Martin. *Learned Optimism*. Nova York: Alfred Knopf, 1991.

___________. *Felicidade autêntica*. Tradução: Neuza Capelo. Rio de Janeiro: Objetiva, 2004.

___________. "Positive Health". *Applied Psychology: An International Review*, 57, 2008, pp. 3-18.

___________. "Building Resilience". *Harvard Business Review*, abr. 2011a. Disponível em: <https://hbr.org/2011/04/building-resilience>. Acesso em: jan. 2020.

___________. *Florescer – Uma nova compreensão da felicidade e do bem-estar*. Tradução: Cristina Paixão Lopes. Rio de Janeiro: Objetiva, 2011b.

Seligman, Martin; Steen, Tracy; Park, Nansook & Peterson, Christopher. "Positive Psychology Progress: Empirical Validation of Interventions". *American Psychologist*, 60, 2005, pp. 410-21.

Sheldon, Kennon M. "Self-concordance Model of Healthy Goal Striving: When Personal Goals Correctly Represent the Person". Em: Deci, Edward L. & Ryan, Richard M. *Handbook of Self-determination Research*. Rochester: University of Rochester Press, 2002, pp. 65-86.

Snyder, Charles R. *The Psychology of Hope: You Can Get There from Here*. Nova York: Free Press, 1994.

Steger, Michael F. "Meaning in Life". Em: Snyder, Charles R. & Lopez, Shane J. (eds.). *Handbook of Positive Psychology*. 2ª ed. Oxford: Oxford University Press, 2009, 679-88.

___________. "Experiencing Meaning in Life: Optimal Functioning at the Nexus of Well-being, Psychopathology, and Spirituality". Em: Wong, Paul T. P. (ed.). *The Human Quest for Meaning: Theories, Research, and Applications*. Nova York: Routledge, 2012, pp. 165-84.

Steger, Michael F. & Dik, Bryan J. "If One is Searching for Meaning in Life, Does Meaning in Work Help?". *Applied Psychology: Health and Well-being*, 1, 2009, pp. 303-20.

Steger, Michael F.; Kashdan, Todd B.; Sullivan, Brandon A. & Lorentz, Danielle. "Understanding the Search for Meaning in Life: Personality, Cognitive Style, and the Dynamic Between Seeking and Experiencing Meaning". *Journal of Personality*, 76(2), 2008, pp. 199-228.

AGRADECIMENTOS

Nascemos com uma bússola, e essa bússola é a família. Sou profundamente grata a meus pais – que, além de bússola, também foram e são minha âncora, meu farol e meu porto seguro – e a todos os que vieram antes deles. Minhas avós, uma japonesa, a outra portuguesa, duas sábias guerreiras que me mostraram que a diversidade é a essência do que somos; a elas expresso minha gratidão.

Acredito que, quando temos uma bússola, tendemos a atrair pessoas que se movem na mesma direção, criando, assim, um movimento muito mais intenso. Por isso, agradeço à minha equipe: nossa poderosa conexão tem transformado muitos sonhos em realidade. E agradeço à HarperCollins Brasil, que acreditou neste livro e abriu as portas para que eu pudesse amplificar minha voz e compartilhar ideias com um público muito mais amplo.

Agradeço, também, a todos os mestres de minha vida, que tanto contribuíram para que minha bússola continuasse me levando em direção ao aprendizado, ao crescimento e à contribuição. Sou grata a todos os grandes mestres da psicologia positiva, dedicados a produzir um conhecimento capaz de transformar vidas. E, em especial, a Robert Biswas-Diener, Michael Steger, Fred Luskin e Jennifer Cory, que tão generosamente concordaram em enriquecer este livro com seus depoimentos.

Por fim, agradeço a você, que se dispôs a ler as linhas que escrevi com a mente alerta e o coração aberto. Palavras não são suficientes para expressar o quanto me sinto grata a tudo e a todos. A gratidão, porém, é uma emoção e uma força. São essa emoção e essa força que invoco agora, para imprimir em uma única palavra: obrigada!

Este livro foi composto nas tipologias
Bembo Std e DIN
e impresso no papel Pólen soft 80g/m²
na LIS Gráfica